Research in Classics No.3

古典学研究

刘小枫◇主编

第三辑

尼采论现代学者

Nietzsche on Modern Scholars

林志猛◇执行主编

华东师范大学出版社

华东师范大学出版社六点分社　策划

本刊由中国比较文学学会古典学研究会主办

目　录

Contents

Book Review

尼采论学者与民主政制

娄　林*

（中国人民大学文学院）

摘　要：尼采分析西方现代危机时，"学者"是他非常重要的关切点之一。与韦伯不同，尼采认为，学术之与哲学无涉，即是与最高价值无涉，而这正是从事学术研究的学者的真正问题所在。因此，学者们非但不是真正的政治价值中立者，反而是民主政制的拥护者。因为，现代学者的学术研究内容和方式的正当性的确立，根本上来说，源于启蒙以来思想本身的民主化运动。尼采反复强调学者与哲人的区别，本意并非讽刺学者，而是最终为未来哲学的可能奠基。

关键词：学者　民主　哲学　政治

　　韦伯在《以学术为志业》中描述的"学者"，虽然带有某种悲观气息，但依旧是善思之人，思考关于"自我和事实之间关系的知识"。不过，他同时认为，学者无需思考关于世界意义的哲学问题，也与政治无涉。[1]　就此而言，现代学者的研究本质上是客观中立的知识研究——有的史学从业者坚持认为"史学就是史料学"，因此这种学术与哲学无关。同时，学者的中立和理性也要求他们对政治世界采取一种隔岸的中立态度。但是，早于韦伯的尼采对这类说法充满怀疑甚至反对：学术之与哲学无涉，即是与最高价值（韦伯就认为"通往真正的自然之路"之类问题只是幻觉）无涉，但这正是从事学术研究的学者的真正问题

---

*　作者简介：娄林（1980—　），男，安徽滁州人，哲学博士，中国人民大学文学院古典文明研究中心讲师，硕士生导师，主要从事古典学、政治哲学、经学和中西古典思想等研究。

[1]　韦伯，《学术与政治》，冯克利译，北京：三联书店，1998，页34、37-38、45。

所在：对最高价值的放弃，就放弃了哲学与最高的精神可能，以其形态
而言，是思想世界之中的"民主"运动，也正是由于这一点，他们非但不
是真正的政治价值中立者，反而是民主政制及其政治价值的拥护者。
而学者，或者奠定这种学者形态的哲人——比如斯宾诺莎——何以要
在思想领域掀起这样的民主运动，则又与这类哲人自身有关。根据柏
拉图的说法，就是与这类哲人的天性有关；尼采的说法则是，与这类哲
人的"权力意志"有关。因此，"学者"作为一个现代的哲学和政治现
象，向来是尼采哲学思考中非常重要的问题之一。

　　比如，《扎拉图斯特拉如是说》各章标题大多有其所指，但这些标
题中以人的身份命名的却很少见，不过牧师、道德家、智慧者、学者、诗
人等少数几章，这些人显然是一种重要的人的类型，或者精神类型，但
标题中没有哲人，这不是因为哲人不重要，恰恰相反，哲人是衡量所有
这些人的类型的根本尺度。因此，正如韦伯所认识到的，学者与哲人有
着本质差别，但尼采认为，这正是悲剧之源。

一、"学者的出身"

　　学者之名、之实，皆古已有之，但只有在现代社会里学者才成为更普
遍的精神现象，尤其是，"学者"甚至担负了古代哲人或者宗教家才具有
的角色——虽然学者们通常会在姿态上拒绝承认这种角色。尼采善于
做谱系学的勾勒，我们不妨借助这一勾勒认识作为现代现象的"学者"
问题。《快乐的科学》第五卷[1]有前后相续的两节集中谈论了这个问题：
第 348 节"学者的出身"，第 349 节"再论学者的出身"。[2] 而在之前的
193 节，尼采提到作为学者最重要的楷模康德，标题为"康德的玩笑"：

　　　　康德决意采用冒犯"每个人"的方式证明"每个人"有理，这是
　　康德心中的秘密玩笑。他撰文反对学者，袒护民众的偏见。但他
　　的文章只写给学者看，却不写给民众看。（同上，页 241）

_____

[1]　我们需要注意，《快乐的科学》第五卷成书于《扎拉图斯特拉如是说》之后，因
　　而与后者的关系更为紧密。
[2]　尼采，《快乐的科学》，黄明嘉译，上海：华东师范大学出版社，2007，页 335-
　　337。

尼采虽然语调戏谑,但却指出了启蒙哲人的一个根本困境:作为启蒙哲人的康德为大众立法,但他的哲学思考和哲学只能在学者之间流传。换言之,他依旧在教育为数并不多的知识人,只不过教育内容变了。现代学者本质是现代哲人的构造,一种带有民主化政治意识的哲学构造。所以,"学者的出身"一开始,尼采就写道:

> 在欧洲,学者出身于各个阶层和社会环境,犹如并不需要特殊土壤的植物,因此,他们在本质上应属于民主思想的载体。

在尼采看来,学者能够成长为学者,"并不需要特殊的土壤",这与柏拉图所说的特殊个性正好相反:

> 与理智和正确意见相伴的慎思所引导的单纯而有节制的欲望、快乐和痛苦,你只会在少数人中遇到,以及在那些天生赋有最好的天性并受到最好教养的人中遇到。(《王制》431c)

学者并不是这种类型的人,他们只是在现代思想的民主运动之后才会出现,并且大量出现。就此而言,这个土壤其实就是现代思想本身。《扎拉图斯特拉如是说》前言第五节中,扎拉图斯特拉已经洞察到这一点:"可这土壤终归贫瘠、驯化,再也不能从中长出高树。"[①]仍然能够长出植物,但不再是参天大树。这些学者"根据等级区分的法则,属于中等程度的学者,他们对于真正重大的问题都不屑一顾"(《快乐的科学》,373节)。与此同时,既然学者的出现本身是民主的产物,那么,他们是"民主思想的载体",就也是本质而必然(wesentlich und unfreiwillig)的现象。

这一节之后的文字比这个开头更加政治不正确,尼采似乎在攻击学者的"出身"(Herkunft),近乎是某种尖刻而堕落的血统论。他列举了四个例子:图表和档案管理员之子、律师之子、基督教神职人员和神学家之子、犹太人之子,他们的学术品格不过延续了他们父辈的精神气质。如果这是血统论的话,一个难以解释的问题是,尼采本人出生于一

---

① 尼采,《扎拉图斯特拉如是说》,黄明嘉、娄林译,上海:华东师范大学出版社,2008,页42;译文依照德文,略有改动之处,不一一注明。

个牧师家庭,他的父亲卡尔·路德维希·尼采是个牧师,那么尼采自己如何评价曾经作为学者的自己呢? 一个人不可能如此尖刻地嘲弄自己,除非他超越了自己曾经的存在。不如说,尼采这里列举了四种学者的精神类型,尤其是,这四种精神成分共同构成了学者的基本精神基础,这才是"出身"的真正含义。我们以第一种学者为例:

> 档案保管员和办公室文书的主要工作是整理资料,将其分类存放,并制成图表加以说明。要是他们的儿子当了学徒,也会表现出这样的偏爱:用图表对一个问题作简要说明,这样做,他就认为问题已经解决了。也有与此相类的哲人,说到底,他们只是"图表脑袋"罢了,父辈的行业特点变成了他们的工作内容,证明了他们分类和制作图表的才能。

这种类型的学者并不关心档案或者文书的内容,他们需要的是格式化的处理,并用图表加以说明。什么意思呢? 仍然是在《快乐的科学》373 节里,尼采说:"难道我们真要把存在降低成账房先生那简易的计算练习和数学家的闭门造车吗?"(373 节)这种类型的学者,实则为近代以数学化原则为基础的种种学术创造者,他们未必真有作为账房先生的父亲,但是他们无疑接受了这样一种图表和数字的学术原则——他们的精神之父。但令人奇怪的是,既然尼采认为哲人与学者有着重大的区别,这里为什么又加上一句"也有与此类似的哲人"呢? 什么是有着"图表脑袋的哲人"? 同样是在第 373 节,尼采说:

> 我们把这话讲给那些机械论者听,这些人当今非常乐意与哲人为伍,而且误以为机械论是关于一切规律的学问,一切存在均建立在这些规律的基础上。然而,本质机械的世界也必然是本质荒谬的世界!

这些机械论者与哲人对话,即以哲人自居,正如这些"图表脑袋",他们同样认为世界存在于这样的图表规律之上。这就是说,就这类型的学者自身而言,他们并不自以为只是尼采所说的不关心重大问题的人,而是认为,他们的关注才是真正重大的问题。他们之所以能够做到这一点,恰恰是由于他们掌握了一种重要的思想武器——逻辑。

这就是此处的第四类学者：

> 让我们来观察一下犹太学者吧：他们重视逻辑，就是说，重视用说理的办法强迫别人同意。他们知道，纵然存在着反犹太人的种族恶感和阶级恶感，人们不愿相信他们，然而他们必定会以逻辑取胜的，没有什么比逻辑更民主的了。(《快乐的科学》，349 节)

犹太人类型的学者重视逻辑，其理由并不在于逻辑是认识世界的本质，而在于逻辑是认识世界的工具，虽然此处说的是"强迫别人同意"，但只是这种工具的用途之一；其次，逻辑面前人人平等，逻辑的推论和说服是最为民主的知识力量。至于法学家之子和基督教神职人员和神学家之子，前者关心正义，"他首先考虑维护公正，然后也许就真的获得了公正"，追求正义但并未真正去探究什么是正义；后者则具有"天真的自信"，他们"自信地以为其事业已经得到证明，故而表现了一种热烈的敬业精神"。

如果我们对 348 节略作总结，就会发现尼采以"出身"这个具有谱系学性质的词语概括学者的首要品质与现代启蒙的民主思想密不可分："按照尼采的理解，学者或科学家摆脱哲学，这是民主运动的一个部分。"[1]学者是与哲人不同的精神类型，就其民主的本性而言，也必然要取代传统哲人的精神位置——如此，"出身"于民主运动本身的学者必然是民主的支持者与传播者。这就是尼采勾勒的这种学者的基本特征：数学或者逻辑的偏好、过于强烈的政治正义追求、对自己的学问追求的强烈自信——有时，我们会在"公共知识分子"这个 20 世纪至 21 世纪极为突出的精神类型上发现这些类似的特点。但是，我们略感疑惑的是，"犹太人"的说法难道不是一种针对犹太民族的诋毁？或许并没有那么复杂，尼采只是想进一步引入一个重要的思想家：犹太哲人斯宾诺莎。

二、学者的权力意志

斯宾诺莎显然是尼采极为关注的现代哲人之一，早期的《人性的，

---

① 施特劳斯，《哲人的自然与道德——尼采〈善恶的彼岸〉讲疏》，曹聪译，上海：华东师大出版社，2017，页 207。

太人性的》当中，斯宾诺莎就厕身于尼采视为必须与之交谈的八位最重要哲人之列（408 节），尼采后来的著作中斯宾诺莎的频繁出现也证明了这一点。但是，到了《快乐的科学》之后，斯宾诺莎虽然依旧重要，但渐渐成为现代哲人的典型形象，与本文密切相关之处在于，斯宾诺莎代表了学者的权力意志的本质。

权力意志固然是尼采最为重要的概念之一，但是在他的著作里，这个词语出现频率极低——也就是说，尼采非常慎重。但在谈及斯宾诺莎时，"权力意志"却出现得有些过于频繁。《善恶的彼岸》中尼采四次谈及斯宾诺莎（5、13、25、198 节），权力意志就出现两次。一方面，尼采强调斯宾诺莎的冷静式的哲学，实为一种"不健康"的哲学，而这种不健康根本上来自斯宾诺莎本人的"权力意志"（13、198 节）。但是什么才是斯宾诺莎式的权力意志？《善恶的彼岸》里首先呈现的是斯宾诺莎以"自我保存"面目呈现的这种权力意志（13 节），而 198 节里，在更加广泛的现代个体道德的普遍构建中，尼采发现，斯宾诺莎冷静的中庸之道背后隐藏着他的权力意志，隐秘地起作用的权力意志（另参《快乐的科学》333 节）。尼采后期作品中谈到斯宾诺莎与权力意志关系时，基本关注点在于：斯宾诺莎不健康的或者看似冷静的哲学内容及其形式，来自他自我保存的本能，而这种本能恰恰体现了他的权力意志。关于这三者关系叙述最为清晰的，是《快乐的科学》第 349 节，标题是"再论学者的出身"：

> 决意自我保存是陷入窘境的表示，也是对生命的基本本能进行限制的表示，生命的本能旨在权力扩张（Machterweiterung），而这种意志常常怀疑自我保存的本能并将其牺牲。比如，患肺结核病的斯宾诺莎和其他哲学家就把所谓的自我保存本能（Selbster-haltungs-Trieb）看成是具有决定意义的东西，有人认为这是很有象征意味的，表明这些人恰恰是身陷困境的人啊！
>
> 现代自然科学同斯宾诺莎的教诲纠缠在一起（尤其以达尔文主义为最，连同他那不可理喻的"为生存而斗争"的片面理论），这恐怕与大多数自然科学家的出身有关，他们是"老百姓"，其祖先贫穷、卑微，故切身体会到处世维艰。所以，在英国达尔文主义的周围弥漫着一种气氛，恰似英国人口过剩而造成的窒息空气和小民散发的贫困叹息。但身为自然研究者，应走出人的逼仄空间，在

*存在着*的自然中,没有贫困状态,有的只是过度的丰裕和无穷的豪奢。"为生存而斗争"只是一个例外情形,是一个时期内生存意志受到限制所致。而大大小小的斗争全是围绕着为获得优势、发展和扩张而展开,为了获得与权力意志相称的权力,而权力意志正是生存意志啊。

　　这一节显然与上一节关联极为紧密。标题意味着上一节"学者的出身"——即学者的精神品质——这个问题并没有得到完整的说明。尼采当然可以把两节内容合二为一,分开叙述的目的在于,斯宾诺莎作为学者的楷模和精神奠基者,其重要性要求尼采不得不重新叙述。这一节除了标题之外完全没有提到"学者",也正意味着学者的精神来自斯宾诺莎这样的哲人的奠基。

　　就"出身"而言,此处与上一节类似的某种血统论同样需要做比喻性的理解,学者,自然科学家们和斯宾诺莎,"其祖先贫穷、卑微,故切身体会到处世维艰",这并不是真的说这些人祖先卑微穷苦——如果有较真的学者去勘察一下那些学者们的祖辈,就可以发现这自然并非全部的实情,比如培根勋爵。这种所谓出身其实意味着,他们考虑的问题,并不是更广泛、更完整的自然问题,即尼采此处所谓的"存在着的自然",而是生存问题或者现实的存在问题,此为培根的科学进步的基本含义。[1] 尼采所谓自然科学与斯宾诺莎的教诲之间的纠缠,要害就在于,前者的目的是用科学征服自然,改善人的生存境况,其着眼点在于人的生存,而斯宾诺莎关于人的伦理学中前提是与之极为类似的"自我保存":

　　　　德性的基础就在于自我保存的努力,而一个人的幸福就在于他能够自我保存。
　　　　我们不能设想任何先于自我保存的努力的德性。[2]

---

①　参 Jerry Weinberger, *Science, Faith, and Politics: Francis Bacon and the Utopian Roots of the Modern Age*, Cornell University Press, 1985.

②　斯宾诺莎,《伦理学》,贺麟译,北京:商务印书馆,1997,第四部分,命题十八、二十二。在命题十八至二十六,斯宾诺莎论证的核心就是自我保存的问题。参 Mitchell Gabhart, "Spinoza on Self-Preservation and Self-Destruction," in *Journal of the History of Philosophy*, Volume 37, No. 4 (October 1999), pp. 613–628.

斯宾诺莎的"自我保存"是人的在世伦理的首要德性,这种德性是一切事物的本质规定(《伦理学》,第三部分,命题七)。随即由自我保存这个前提出发,必然要推向较好程度的自我保存,"依照他自己本性的法则,每一个人必然追求他认为的善、避免他认为的恶"(命题十九),"绝对遵循德性而行,就是在寻求自己利益的基础上,以理性为指导,而行动、生活、保持自我的存在"(命题二十四)。自我保存必然推演至自我利益的追求,自我生活的改善。这是培根和斯宾诺莎共同确信的东西。在这个意义上,斯宾诺莎决定了学者品格的根本方向:学者作为"自然研究者",研究自然的目的不是为了"存在着的自然",而是利用这种研究达到更好的自我保存——但他们的言辞中,却以"所有人的"、"所有个体"的自我保存为说明。

因此,尼采冷酷地说,把自我保存作为哲学的前提,作为哲学的追求,并不意味着一种真正的普遍哲学,不过表明了持这种学说者个体的生命困境,这种生命困境,尼采以"不健康"称之,此处称斯宾诺莎患肺结核病,《快乐的科学》372 节则称他为苍白的吸血鬼。凡此种种,都强调了一种普遍学说背后的个体气质。斯宾诺莎作为学者精神的早期规定者之一,由于深陷困境,在不健康的个人精神气质之中把自我保存当作根本性的前提。但尼采认为,这种对生命的低级肯定本质上依旧是对生命的肯定:斯宾诺莎的自我保存说反而体现了权力意志。因此,并不难理解,斯宾诺莎的伦理学中,作为前提的自我保存是生命意志(尼采这里的说法是"权力扩张")的体现。这让我们产生一个疑惑:权力意志难道不是一个普遍学说? 尼采之所以极少提及这个词语,很可能就是为了避免这个尴尬。事实上,在《扎拉图斯特拉如是说》中,第一次提到的权力意志,是民族的、政治性的权力意志。尼采所说的各种权力意志之间是有区别的,这种区别非常类似于柏拉图笔下的人性差异。但是,这与学者有什么关系呢?

此节名为"再论学者的出身",与上一节相比,自然要把"出身"问题更深入一步,即引入更深层次的权力意志问题。斯宾诺莎当然不是普通的学者,智性极高,但在尼采看来,他的精神品质并没有超出普通学者的高度,正是在这个精神高度上,他与那些"贫困叹息"的学者具有相同的权力意志。既然权力意志是生命本身的意志(《善恶的彼岸》,13 节),那么学者必然具有这样的权力意志。倘若如此,尼采的批评又有什么意义?《扎拉图斯特拉如是说》"论著名的智慧者"中,扎拉图斯特拉说道:

你们所有著名的智慧者,尽皆服务于民众及民众的迷信!——而非真理!正因此故,你们才受人敬仰。

但是,这样的学者却以为"自我保存"或者与之类似的东西就是真理,尼采戳穿这层面纱,最终还是为了日渐沦亡的哲学的高贵。哲人与学者之间的本质差别才是最关键的问题。

三、学者与哲人

《扎拉图斯特拉如是说》第二卷"论自我-超越"一章是该卷甚至全书的顶点,这不仅仅是由于这一章近乎将权力意志说得桶底脱落,还由于这一章的言说对象是"最智慧的人",那些持有"真理意志"之人。① 随后几章则谈论了扎拉图斯特拉谈及现代世界其他的智慧可能——但并非最高的智慧,学者便是其中的一种。② 这个整体的结构已经暗含了哲人是学者的判断标准,不过,至于什么才是真正的哲学和哲人,则是另一个主题,不是本文关注的要点。

"论学者"的开篇表明,扎拉图斯特拉曾经是学者:

我躺下入睡时,一只羊吃起我头上的常青藤花环——它且吃且说:"扎拉图斯特拉不再是学者了。"

言毕,它僵硬而骄傲地走开。一个孩子对我讲述了此事。

羊和孩子都是比喻,传统上羊是基督教信众的比喻,但这里更喻指现代的民众。传统社会里,民众并不关心哲学,但现代科学则要建立民众对科学的信仰——这本身成了一种政治正确。如果从学者与民主的关系来说,羊通过吞食扎拉图斯特拉头上的常春藤花环,已经发觉他不再是民主思想的支持者。③ 这其实隐含了另一个判断标准:对于什么是

---

① 刘小枫,《尼采的微言大义》,收于《重启古典诗学》,北京:华夏出版社,2010,页 255-256。

② 朗佩特,《尼采的教诲》,娄林译,上海:华东师范大学出版社,2013,页 206-207。

③ 《扎拉图斯特拉如是说》前言里,扎拉图斯特拉的民主启蒙运动已经宣告失败。

学者,并不是由学术品质本身所保证,而是需要作为民众的羊的认可。但对向他讲述此事的孩子——扎拉图斯特拉可能的教育对象——来说,他却仍旧是学者,难道存在两种类型的学者吗?通观全章,这倒不难理解,扎拉图斯特拉已经告别了自己的现代学者生涯,已经行走于学者们的"头顶之上"。这似乎是尼采个人思想经历的转变,但更重要的意义或许在于,扎拉图斯特拉以自己为例,暗示了从学者向更高之途的转变可能。如此一来,扎拉图斯特拉身披的"学者"身份,就更像一种专门针对学者的劝诱外衣。本章随后的内容都在强调扎拉图斯特拉与学者的差别,或者如他在言辞中所说,他已经从学者上升到不同的高度。

当然并不是所有学者都可能成为扎拉图斯特拉,所以,扎拉图斯特拉首先强调的是个体的"意志"。"我的命运意欲如此","我的灵魂饥饿太久",类似的说法表明,扎拉图斯特拉虽然曾经与学者同坐,但是他的灵魂、他的意志根本不满足这样的知识生活。而学者们的求取知识的状况是:"他们受训求取知识,犹如敲开核桃,而我与他们不同。"学者之求知,是专业训练所致,而非他们内在的意志,而核桃更是与自己并无根本关联的可有可无之物。惟其如此,学者才能冷静客观地进行研究:

> 他们冷坐于清冷的阴影之中:在一切事物中都只想做旁观者,避免坐在太阳灼烧台阶之处。

冷静客观的科学研究态度却远离生活。尼采此处再次暗示了斯宾诺莎:"斯宾诺莎的不要笑、不要哭,通过分析和活体解剖情绪而天真幼稚地主张毁灭情绪。"(《善恶的彼岸》,198 节)但太阳的比喻显然表明,这样的学术研究远离真理。扎拉图斯特拉则与之相反:"我过于炽热,被自己的思想灼焦。"(《扎拉图斯特拉如是说》,"论学者")炽热并不意味着对错,而意味着其内在的思想意志之灼烧,意味着面对太阳的真理时的灼热。

因此,扎拉图斯特拉才是思考者,而学者们并没有彻底思考的能力。那么,他们栖身于学者之屋究竟在做什么呢?尼采用了三个比喻加以说明:

> 如同那些站在街边凝视行人的人们:他们也是如是等待,凝视

他人思考过的思想；

 他们劳作如磨具和石舂：人们只需把其谷粒扔给他们！——他们知道把谷粒磨碎，从中制成白粉；

 尘土盈满的房屋。（同上）

 这三个比喻虽然本质上是一回事，但其各自的指涉并不尽然相同。"凝视"他人的思想所强调的，是斯宾诺莎式的非情绪的客观观察，但也正是由于这个缘故，观察者并没有进入思想本身。但学者之为学者务必有其劳作，他们的劳作就是磨碎别人的思想，"制成白粉"。由于旁观思想的原因，他们无法分清思想与非思想之间的差异，因此，他们只能够使用他们的"逻辑工具"，一如磨具和石舂，分析抛向他们的一切，这就意味着他们研究的对象已经从思想转变为任意的东西，一切都可能成为学术研究的对象。这是彻底的"民主"学术研究。但是，谁会向他们抛撒谷粒？当然不是思考的人，至少扎拉图斯特拉似乎没有这样的兴致，而是此处没有实际出现的主语，"他们的智慧常有一股气味，似乎产生于泥沼"——或许是平等的泥沼社会里的所有人，既存在又不存在的所有人，或者"民主"之民。于是，他们将这一切视为研究咀嚼的对象，但这种研究只是扬起了灰尘或者白色面粉，在"尘土盈满的房屋"之内。房屋是狭小逼仄的意象，正是《快乐的科学》349节中"人的逼仄空间"，尤其是这个空间里漫布着他们制造出的种种尘土。

 表面上看，满屋的尘土似乎只是对混杂、幽暗、格局狭小的现代学术状态的描述，但很显然，逼仄空间里沸扬的尘土对于人的健康非常不利，以尼采之言，则近乎毒药："我总见他们谨慎地准备毒药。"制造灰尘、面粉或者毒药，本质上或许是一回事：

 他们的手指懂得一切穿线、编织和结网之举：他们如是织就了精神的袜子！

 在小的机巧方面颇有才华，守候那些跛足而行的知识人——如蜘蛛一般守候。（《扎拉图斯特拉如是说》，"论学者"）

 理解这里的关键意象是毒药和蜘蛛。毒药之为毒药，是因为它毒害了更高知识的可能，而知识的片面（比如越发细化的学科划分）追求者自然就是这些跛足而行的知识人——这或许是我们现代学者出发的必然起点,但是,学者们的毒药是捕获所有这样的知识人,其捕获方式即那些粉尘织就的"精神的袜子"。这种知识品质是向下的而非向上的,因此"论学者"一章总是出现上与下的对比。问题的关键就在于:为什么学者要以向下的知识品质取代向上的哲学追求?他们为什么或彻底抛弃哲学,或将这种向下的求取命名为哲学?这仍然与毒药和蜘蛛有关。制造毒药和蛛网的蜘蛛当然是毒蜘蛛。《扎拉图斯特拉如是说》本卷第七章正是名为"论毒蜘蛛",在这一章里,扎拉图斯特拉言辞似乎愈发激烈:

> 你们这些平等的传道者,我以喻辞向你们如是言说,这会令你们的灵魂晕眩!在我,你们即是毒蜘蛛,是隐匿的复仇者!
> 但是,我意使你们的隐匿之所敞露于明光之下:所以,我以高处的笑当你们的面而笑。

尼采这里的说法直接,没有丝毫的遮掩:"毒蜘蛛"是指宣说平等教诲的现代哲人,或者这些哲人教诲下的现代学者。其毒之所在,就是在于复仇的渴望,他们的意志在于"我们意欲践行复仇,斥黜所有与我们不平等的人"。尼采将这种意志称之为"平等意志"(Wille zur Gleichheit),正如前文所言,这显然是"权力意志"的一种类型。因此,学者知识碎片的学术追求的最深处,是一种来自自身意志的道德追求,平等意志"从此将自成为道德的名称",而在尼采的哲学谱系里,最著名的道德毒蜘蛛就是卢梭。因此,"论学者"一章的结尾明显暗示了学者与这种民主政治哲学的根本关联:"人并不平等:正义如此说道。"在"论毒蜘蛛"一章,尼采在"平等"上加了重点号,而在这句结尾里,尼采则强调了"不"。

能够对这种平等说"不"的,是超越了其学者阶段的扎拉图斯特拉。而在《善恶的彼岸》里,这种"不"要转向肯定的"是":

> 真正的哲人是下命令者和立法者,他们说:"事情应该如此!"
> (211节)

哲人的使命不是追求客观知识——也不是否认客观知识,而是指明方向。哲学必须超越于学术之上,哲人则必须超越学者,成为真正确定方向的人,"规定人的去向,人是什么,并且支配一切哲学工作者的预备工作"(同上)。这正是韦伯放弃的问题。

表面看起来,尼采似乎无比严苛地指责学者的局限,但我们必须要明白的是,无论尼采还是扎拉图斯特拉都曾经是学者,因此,尼采严苛的批评首先是一种自我批评。进一步说,

> 他本人曾经出于这些阶段……他本人曾经是批评家、怀疑论者……曾是诗人……"自由精神"乃至于一切。(同上)

尼采列举了进入哲学之前的精神可能,唯独没有提到学者,这或许正是因为学者反而是朝向哲学最大的障碍之一。作为学者,作为现代世界的学者,我们阅读、分析尼采的批评,首先要指向的就是这种自我批评。尼采常常令笔者反躬自省:我所做的学术研究,究竟是尝试朝向真正的思想问题,还是只不过在狭小的房屋内扬起灰尘——甚至连毒性都没有的灰尘?

自然的分裂与拯救

——早期尼采论现代国家与希腊传统

刘　振*

（扬州大学哲学系）

摘　要：现代国家是青年尼采思考的根本问题之一。尼采认为支配现代市民社会的是人的动物性自然，因此，建立在市民社会基础上的现代国家只是作为手段的抽象国家。尼采力求基于希腊肃剧的狄奥尼索斯世界观，通过浪漫主义的艺术家-形而上学重建现代文化。但是，自然与文化的冲突构成了尼采在现时代提升人性的根本困难。尼采在这个时期的未刊文稿表明，柏拉图在尼采思想中处于十分核心的位置，同时，尼采对柏拉图哲学复杂而深刻的认识表明，尼采对自身思想困难的认识可能比一般认为的更加透彻。尽管尼采力求基于"柏拉图的本质特征"创造"新柏拉图"，"新柏拉图"与柏拉图的微妙差异仍然十分重要。

关键词：尼采　自然　国家　希腊　柏拉图

一、市民社会与现代国家

尼采的全部作品可以划分为三个时期，早期作品包括两部公开出版的著作——《肃剧的诞生》、《不合时宜的沉思》——以及一些未刊文稿。尽管尼采后来批评自己的早期作品掺杂了过多德国浪漫派的"青春忧伤"，但是，这些作品已经极为清晰地划定了他未来一生的工作。后期尼采"益发老辣、挑剔百倍"的眼光，并未否定青年尼采决意承担的使命。

早期尼采并没有一部关于现代国家的专论，不过，根据洛维特

---

*　作者简介：刘振（1985-　），男，江苏镇江人，哲学博士，扬州大学哲学系讲师、硕士生导师，主要从事西方思想史、政治哲学研究。

（Karl Löwith）在《从黑格尔到尼采》中的判断，在 19 世纪德国思想的"桥梁"上，黑格尔与尼采分别居于两端，构成了一条反思市民社会与现代国家的思想线索。洛维特认为，无论是黑格尔哲学，还是黑格尔哲学解体以后产生的更激进的思想流派，都致力于反思并应对本雅明（Walter Benjamin）所说的这个"布尔乔亚的世纪"。尼采延续了 19 世纪德国思想应对同时代重大问题的努力，现代市民国家是尼采思考的根本问题之一。[①] 青年尼采力求彻底理解并应对市民社会与现代国家的困境，这一努力贯穿尼采有关希腊哲学和肃剧艺术以及叔本华和瓦格纳的思考。在尼采看来，道德或"精神文化"是个体与国家生活的根本问题。在这个意义上，我们可以说，尼采对现代国家的思考关注的核心问题是市民社会与现代国家的道德问题或文化问题。

从 1873 年到 1876 年，尼采相继发表了四篇《不合时宜的沉思》，在"第三沉思"（《作为教育者的叔本华》）中，尼采以讽刺的口吻提到了英国作家曼德维尔（Bernard de Mandeville）《蜜蜂的寓言》。对于尼采而言，曼德维尔是欧洲 18 世纪"自由主义和乐观主义世界观"的表征，如果 19 世纪的欧洲人不能克服这种"根植于法国启蒙运动和法国大革命的学说"，迎接他们的将是"全然根本性的动荡"。

根据考夫曼（Walter Kaufmann）的看法，"第三沉思"集中表达了早期尼采的思想。[②] 细心的读者不难发现，对现代市民社会的分析在"第三沉思"中占据十分突出的位置。在"第三沉思"的第四节，尼采对现代市民国家有一段纲领性的描述：

> 宗教的洪水消退了，留下了沼泽和池塘；各民族又分裂得相互敌对，恨不得撕咬对方。各门科学毫无节制、极其盲目地推行放任主义（laisser faire），劈散和分解一切坚固的信念；教养阶层和国家（die gebildeten Stände und Staaten）被一种极为卑鄙的金钱经济所吸引。世界永远不再是世界，从来没有更缺乏爱和仁慈。在这一

---

① 参洛维特，《从黑格尔到尼采：19 世纪思维中的革命性决裂》，李秋零译，北京：三联书店，2006，页 319-354。关于以"市民社会"为线索的德国思想发展史，亦参哈贝马斯，《现代性的哲学话语》，曹卫东译，南京：译林出版社，2005。

② Walter Kaufmann, *Nietzsche：Philosopher，Psychologist，Antichrist*, Princeton：Princeton University Press，1974, p. 157.

切世俗化的不安中间,教养阶层不再是灯塔和避难所;他们自己变得天天更加不安、更加没有思想和没有爱。一切都服务于将要到来的野蛮,包括现在的艺术和科学在内。①

欧洲基督教及其教会权威的"消退",使现代世界中的诸民族与无数个体分裂成敌对状态,成为一个"不再是世界"的世界。在"第三沉思"中,尼采将推动市民社会的本质力量称为"灵魂的卑鄙和自私冲动"以及"最粗俗最邪恶的力量"。但是,尼采此处的表达似乎表明,民族与民族、个体与个体之间的敌对状态恰恰是人类的原初状态,基督教只是对这种原初的敌对状态人为施加的绷带和压力——换言之,基督教是"文化"。

"第三沉思"对现代世界的分析源于青年尼采理解人类生活的基本概念:"自然(Natur)"与"文化(Kultur)"。尼采认为,近代欧洲的世界图景——民族与个体的敌对状态——是欧洲最重要的文化创造物"消融"的结果,因为,"教会在中世纪大体上拢住了各种敌对力量,它们被教会施加的强大压力在某种程度上互相吸住了(einander assimil-irt)"。不过,在尼采看来,在教会权威瓦解过程中最先出现的近代君主国家与现代市民国家有重大差别。在更早的未刊文稿《希腊国家》的"前言"中,尼采将"君主政体"看作基督教与现代国家之间的过渡形式。只有在现代市民国家中,现代人才重新回到"自然的(natürlichen)一切人反对一切人"的状态,究其根本而言,现代国家是非国家的国家,亦即"作为手段(Mittel)"丧失了内在价值的国家。正是在这个意义上,尼采指责支撑现代国家的是一些"野蛮、原始和毫无怜悯心的力量",国家建制无力对抗这种拆毁性的倾向,相反,由于国家本身成了市民社会的手段,现代国家恰恰增加了普遍的不安与威胁。

"前言"继而谈到,现代国家本质上源于"立足于国家天性之外的人",为了"最大限度地促进自私自利",这个统治着现代世界的经济阶层竭力"传播自由主义和乐观主义的世界观",以促成欧洲社会"从国家倾向到金钱倾向的转移"。在尼采看来,现代国家以普遍的、拆毁性的"自私冲动"为根基,它的政治现实是"自私的、没有国家的金钱贵

① 尼采,《不合时宜的沉思》,李秋零译,华东师范大学出版社,2007,页277;据KSA 版略有改动。

族"的统治。与希腊城邦和近代早期国家相比,建立在市民社会基础上的现代国家是徒具国家形式的"自然状态"。在现代国家中,人们比任何时候都恐惧不安,"每一刻都可能电闪雷鸣",迎来"全然根本性的动荡"。

尼采对现代国家的思考,显然体现了德意志国家哲学传统的一种倾向:国家不应该仅仅是市民社会的延伸,更不应该加强市民社会的非道德和中立化特征,《肃剧的诞生》就将沦为市民社会之手段的现代国家称为"抽象国家",尼采相信,国家本质上应该是一种"文化"存在。尼采对文化的理解基于文化的原初含义——文化是对人的教化和培育,使人向着某种方向提升。至少在公开出版的作品中,青年尼采构想了一种以希腊肃剧为典范的"艺术"文化,尼采期待某种类型的艺术家在现时代扮演肃剧诗人或基督教教士的角色,于是,戏剧艺术家瓦格纳(W. R. Wagner)一度充当了尼采的文化英雄。但是,众所周知,尼采后来彻底放弃了借助瓦格纳艺术改造现代国家的方案,在1886年谈到《肃剧的诞生》之时,尼采称之为"形而上学的安慰"。

二、提升人类

要准确理解尼采对早年思想的反思,有必要回到青年尼采对"自然"与"文化"的理解,更确切地说,这对基本概念本身对尼采构成了深刻的困难。"第三沉思"的一个重要段落有助于呈现这一困难,尼采在此谈到,

> 身处我们时代的这样一些危险,如今谁将为人性(Menschlich-keit)、为这个在各个世代逐渐积累起来的不可侵犯的神圣庙产奉献其守卫职责和骑士职责呢? 谁将树立人的形象(Bild des Men-schen),既然所有人都在自己身上感到自私的蠕虫和奴性十足的恐惧,并且如此背弃那个形象,堕落成动物(Thierische)或者甚至僵死的机器?①

---

① 尼采,《不合时宜的沉思》,前揭,页279-280;据 KSA 版略有改动。

"动物（Thierische）"概念形象地表达了尼采对现代国家的根本态度，①尼采随后对这个概念作出了说明：

> 如此盲目和疯狂地眷恋生活，不顾一切更高的代价，远远不知有人如此受惩罚，而是恰恰以一种可怕的欲望的愚蠢贪求这种惩罚如同贪求一种幸福那样——这就叫做动物。②

完全可以理解，如果任由"自私的蠕虫"蚕食社会，现代国家必然面临"全然根本性的动荡"。只有最盲目的乐观主义者才相信，精明的算计会成为国家的稳固基础，人性堕落为动物性绝非真正意义上的危机，"只要有理性，即使魔鬼也能建立国家"。同样，如果蜕化为金融隐士的教养阶层不再相信通过自我牺牲改善国家，现代国家必将陷入"剧烈的毁灭性运动"。从这个判断出发，尼采认为有必要在"自由的乐观主义"来势迅猛之时，不断以"不合时宜"的方式提醒西方人警惕即将到来的危机。

但是，这个段落在理论上揭示了一个深刻的困难。根据尼采的表达，人性（Menschlichkeit）乃是某种"逐渐积累起来的庙产"，只是由于这种"积累"，人才逐渐摆脱动物性，获得了"人的形象"。这里的人性显然指的是不同于动物和机器的道德性（Moralität），如此无异于表示，人性（Menschlichkeit）事实上并非"人的自然"，而是传统塑造的结果——对于人的自然与人性的张力，尼采有一个更直白的表达：道德本质上是"习俗"。

由此引出的问题是，市民社会的"动物性"是一回事，是否应该接受现代市民国家则是另一回事。因为，既然退回动物性不过意味着退回"人的自然"，那么，即使现代国家意味着人性的毁灭，也必须接受现代国家——现代国家似乎是唯一自然的国家形态。尼采是否意识到，当他宣称动物性同时是人的"自然"和人性的毁灭之时，他实际上在宣称一个根本上矛盾的结论？如果动物性是"人的自然（die Natur des

---

① "动物"在尼采对人的理解中十分重要，尼采的成熟思想保留了这个概念——"人是一根系在动物与超人之间的绳索"，见尼采，《查拉图斯特拉如是说》，孙周兴译，上海：上海人民出版社，2009，页9。

② 尼采，《不合时宜的沉思》，前揭，页290。

Menschen）"，那么，动物性岂非恰恰是"人性（Menschlichkeit）"，是真正人性的东西（menschlich）。①

根据丹豪瑟（Werner J. Dannhauser）的看法，尼采的"自然"概念在这个意义上存在关键性含混。这种含混直接关系到人的顽固的动物性自然给青年尼采制造的重大困难，我们可以补充说，尼采显然意识到了这种含混，正是由此引出的困难使尼采在成熟思想中转向对"自然"的全面肯定——这种肯定是否成功，有待对"权力意志"和"永恒复返"学说的考察。② 丹豪瑟另一个值得注意的观点是，由于尼采此时的"自然"概念不够清晰，尼采对道德或"高贵"的看法也并不清晰。

西方大传统加速崩溃的世界历史态势几乎容不得青年尼采彻底考虑新道德的全部含义，尼采此时只能努力恢复其核心原则。尼采相信，真正的道德与市民道德的根本差异在于"高贵性"，即使这种"高贵性"的全部含义眼下尚不明朗，就原则而言它应该被理解为"提升人类"。"提升人类"是尼采看待政治社会的基本立足点，尼采由此形成了对现代欧洲国家的理解。在尼采看来，国家必须在生存论意义上得到理解，本质性的重要之事始终是人的生存（dasein）。由于生存的意义最终关乎"文化"，而非市民国家的商业经济，"文化"概念对于尼采而言显得至关重要。考虑到"提升人类"几乎完全依赖于"文化"，尼采并未全盘否定基督教尤其是柏拉图传统，尼采甚至断言，哲人在现时代的使命反而是制造"新柏拉图（new Platos）"。

众所周知，基督教传统在尼采看来也是柏拉图传统的延伸，即使这是一种"颠倒的柏拉图主义"，正是从这个事实中，尼采看到了柏拉图创造"文化"的力量——就此而言，没有任何人堪与柏拉图比肩。创造"文化"的力量，对于青年尼采"提升人类"的计划至关重要，不过，同样重要的问题是：尼采打算创造何种"文化"，尼采期盼的"新柏拉图"与柏拉图究竟具有何种关系，尼采打算在现时代恢复古代的柏拉图传

① 丹豪瑟（Werner J. Dannhauser）批评考夫曼没有注意到这一点，参丹豪瑟，《尼采眼中的苏格拉底》，田立年译，华夏出版社，2013。

② 正面评价参朗佩特，《尼采的教诲》，娄林译，华东师范大学出版社，2013；关于青年尼采的转向过程，参 Laurence Lampert, *What a Philosopher Is*: *Becaming Nietzsche*, Chicago：The University of Chicago Press, 2017. 相反的观点参 M. Gillespie, *Nietzsche's Final Teaching*, Chicago：The University of Chicago Press, 2017, 尤其页68。

统吗?

只有基于青年尼采对柏拉图与苏格拉底的复杂理解,尤其是尼采这一时期的诸多未刊文稿,才能更清楚地回答上述问题。尼采在众多场合将柏拉图看作苏格拉底"辩证技艺"的追随者,《肃剧的诞生》第15节的著名段落谈到,

> 谁一旦清楚地看到,在苏格拉底这个知识秘教士之后,一个接一个哲学学派如何一浪接一浪兴起,一种不可思议的普遍求知欲如何最广泛地在教养世界作为每一个高明者的真正使命将知识推向高潮,从此再也没有完全退潮,一张普遍的思维之网如何由于这种普遍性覆盖整个地球,觊觎整个太阳系的法则;谁想到了这一切,连同那吓人的现代知识金字塔,他就不禁要在苏格拉底身上看到所谓世界历史的转折点和漩涡。①

根据这个著名的段落,柏拉图追随的是苏格拉底的知识(Wissenschaft)传统,正是这个传统凭借对知识的信仰瓦解了希腊肃剧:苏格拉底诱惑柏拉图和雅典的贵族青年相信哲学技艺与幸福、德性的关系,从而制造了一个被尼采视为死敌的"乐观主义"传统,从此以后,希腊肃剧的"悲观主义"传统无可挽回地走向了衰落。

这段论述同时表明,以苏格拉底的技艺为开端的乐观主义传统并非只存在于古代世界,培根(Bacon)等人肇始的现代传统同样以此为精神根基,正是在这个意义上,苏格拉底才成为整个世界历史的"转折点"——尼采相信以商业经济为中心的自由主义时代不过是这种精神在当代的落脚点。对苏格拉底的上述看法展现了一个"反柏拉图"的尼采形象,这是尼采的真实形象吗?

无论如何,尼采并不打算彻底抹平柏拉图与现代世界的差异,相反,现代知识的进展对于尼采倒具有某种根本意义。不过,这种对于尼采具有根本意义的现代知识,同样构成了尼采面临的重大困难。尼采相信,"提升人类"乃是使人类变得"仁慈而高贵",使人类的秩序立足

---

① Friedrich Nietzsche, *Sämtliche Werke*, *Kritische Studienausgabe in* 15 *Einzelbänden*, Hrsg von Giorgio Colli und Mazzino Montinari, Band 1, Deutscher Taschenbuch Verlag, de Gruyter, 1988, ss. 99–100.

于"爱和正义"。但是，人类在自然上也许只是动物——青年尼采始终高度关注自然学真理，并且阅读过大量现代自然学著作，①自然问题在尼采这里是哲学的首要之事。尼采在"第二沉思"中摆出了众所周知的大胆结论：

> 关于至高的生成的学说，关于一切概念、类型和种类的流变性的学说，关于人和动物之间缺乏一切根本的差异的学说——这些我认为正确但致命的学说——在如今流行的教诲狂中再经过一代人被抛掷到民族中去，那么，倘若这民族沦亡在自私的渺小和可怜的事物上，沦亡在僵化和利己上，亦即首先解体并不再是一个民族，就没有任何人应当感到惊奇。②

人不过是动物！这条"致命的"真理不仅昭示了现代民族的致命前景，更重要的是，它在哲学上揭示了尼采此时面临的致命困难："肯定自然"与"提升人类"的矛盾。尼采清醒地认识到，这也是哲学的基本矛盾，柏拉图传统与此矛盾有关，所谓创造"新柏拉图"也与此矛盾有关。

进一步说，青年尼采持有一种由赫拉克利特、德谟克利特、叔本华和现代自然学混合而来的自然观，这种自然观比笛卡尔以来的数理自然学更为"自然"——自然世界乃是各种物质冲撞的场域，是力的无序世界。无论在《肃剧的诞生》和《不合时宜的沉思》中，还是在尼采的未刊文稿和书信中，尼采都清楚地表达了这一至关重要的结论。如此一来，应该考虑的问题倒是，倘若人是动物这条真理在哲学上源于"至高的生成"以及"一切概念、类型和种类的流变性"，那么，"人性"似乎绝无可能从"生成"和"流变"的自然而来。这样一来，似乎只有回到与此对立的柏拉图形而上学，才能在现时代恢复诸民族的"仁慈和高贵"。

---

① 值得一提的是，尼采在 1866 年夏末发现了朗格（F. A. Lange）的《唯物主义史》（*History of Materialism*），此书对尼采在学生时代理解古今自然学的影响"怎么夸大都不太过分"，见 D. Blue, *The Making of Friedrich Nietzsche: The Quest for Identity*, 1844 - 1869, Cambridge: Cambridge University Press, 2016, p. 237.

② 尼采，《不合时宜的沉思》，前揭，页 223，据 KSA 版略有改动。

三、"自然之子"

1872 年末,尼采将《五本未刊之书的五篇前言》送给柯西玛(Cosima Wagner)作圣诞礼物,1873 年初,尼采在给罗德(Erwin Rohde)的信中称,在这五篇前言中,第一篇《论真理之路》("On the Pathos of Truth")最重要。尼采并未刊出此文,倒是在这一年将此文的主要观点写进了另一篇文章——《超道德意义上的真理与谎言》,1873 年 6 月,尼采将《真理与谎言》与第一篇《不合时宜的沉思》同时寄给了出版商弗里彻(Fritzsch)。尼采写进《真理与谎言》的主观观点,正是尼采在知识论上的怀疑主义,显得与柏拉图的知识论对立;尼采由此谈到,人类必然生活在无可逃避的幻象中,就此而言,"文化"究其根本乃是"谎言"——对人有益的谎言。谁在制造谎言,什么样的人有权说谎?

1871 年到 1874 年间,尼采曾经准备写一本关于希腊哲学的书,在 1871 和 1872 年的冬季学期,尼采两次讲授了关于柏拉图的课程。这些课程的核心意图不是呈现柏拉图的具体学说,而是"柏拉图的本质特征":

> 从流传下来的某些行动中,而非从其作品中,人们才能获得柏拉图的本质特征的一个更正确的形象。我们不应该将他看作一个过退隐生活[亦即作家生活]的体系-建造者,而应该将他看作一个意在变革整个世界的政治鼓动家,一个主要是致力于此目的的作家。建立学园对他来说重要得多:他的写作是为了加强其学园-同伴们的战斗力。[1]

对于尼采的整个思考来说,柏拉图与希腊哲学传统的关系都是核心问题,对尼采未刊文稿的新近研究表明,这个关系比一般看法更复杂。公开出版的著作对柏拉图的批评,并未完全表达尼采关于柏拉图的全部观点,尤其是某些至关重要的观点。

从《肃剧的诞生》来看,柏拉图关于知识与幸福的观点在古代世界肇始了一个"乐观主义"传统,最终瓦解了希腊的肃剧传统,原因在于,

---

[1]　转引自 Laurence Lampert, *What a Philosopher Is*: *Becaming Nietzsche*, ibid. , p.53.

柏拉图接受并强化了荷马史诗中已经出现的"个体化原则"——人作为自然的一个部分从自然中"分裂"出来,获得了自我意识,正是"阿波罗式"的分裂导致人这种局限的、转瞬即逝的生灵承受无尽的痛苦。相反,作为阿波罗与狄奥尼索斯精神的结合,希腊肃剧的底色是"狄奥尼索斯式"世界观,这种世界观既承认人的悲剧性生存(Dasein),又相信某种狄奥尼索斯式的"原初统一(Ur-eine)"。肃剧与狄奥尼索斯宗教节庆的意义是一致的,它使人重新回到自然整体的原初统一之中。

尼采据此指出,现代国家本质上正是源于上述"个体化原则"与"乐观主义",从自然中分裂出来的人受到知识幻象的迷惑,彻底抛弃了狄奥尼索斯的世界观,决意在金钱和争斗中谋求幸福的幻象。青年尼采相信,现代世界迫切需要新的狄奥尼索斯文化,在瓦格纳的戏剧中,尼采看到了创造文化的希望;文化英雄瓦格纳一度成了尼采心中的"新柏拉图"。

在公开出版的"第三沉思"中,尼采清楚地表达了现代狄奥尼索斯文化的形式——"艺术家形而上学"。尼采将一种狄奥尼索斯的"艺术家形而上学"看作希腊肃剧的现代形式,如果说希腊肃剧面对的形而上学问题正是"原初统一"的分裂,那么,"艺术家形而上学"将凭借艺术重新恢复这种统一。尤其重要的是,尼采将"艺术家"对原初统一的恢复看作自然自身的一个部分对原初统一的恢复。如此一来,自然自身的分裂借助"自然之子"得到了拯救。"自然之子"的艺术活动由此在尼采这里获得了最高的形而上学意义,尼采将"艺术家形而上学"看作自然的最终"完成"。因此,只有经过"自然之子",原初自然才在美和秩序中获得了真正的意义,离开这种意义,自然自身仍然是半成品。

不仅如此,"艺术家形而上学"在尼采这里也产生了重大政治意义,在《希腊国家》"前言"中,尼采极为清楚地勾勒了一种"残酷的真理"。[1] 倘若生存的意义最终系于作为艺术的文化,那么,生存性的劳作必须为艺术的劳作服务,希腊国家正是以此为前提;另一方面,即使现代国家也并未改变这条真理的内核,差异仅仅在于现代国家的统治者是一个非艺术的牟利阶层。显然,尼采的意图并非对希腊国家提供历史学描述,而是表达一个生存论真理。

---

[1]　参刘小枫,《青年尼采论"残酷的真理"》,载于《哲学与文化》[台北],2018 年第 2 期,页 5-22。

同样重要的是,"前言"结尾将柏拉图作为最重要的对立面提出来,核心问题正是知识与艺术的对立——尼采谈到,柏拉图用知识阶层取代了艺术家的统治地位。无论如何,这篇较早的未刊"前言"已经包含了《肃剧的诞生》攻击柏拉图的原则。如此一来,又该如何理解所谓创造"新柏拉图"的使命呢?

四、"新柏拉图"

青年尼采公开出版的著作在很大程度上掩盖了一个事实,柏拉图在尼采此时的思考中居于核心位置。据 Janz 统计,尼采在这段时期对柏拉图用功最多,四次开设关于柏拉图的导论课程,六次讲授《斐多》,四次讲授《普罗塔戈拉》,两次讲授《会饮》,分别讲授《高尔吉亚》、《斐德若》和《政制》各一次。① 事实上,无论尼采如何推崇前苏格拉底哲人和肃剧诗人,尼采心中的哲人典范仍然是柏拉图。在1871 年和 1872 年两次冬季学期柏拉图课程的开场白中,尼采交代了关注柏拉图的根本原因:柏拉图作为哲人建立学派和创造文化的超凡能力。②

稍晚于《肃剧的诞生》的未刊书稿《希腊人肃剧时代的哲学》,当然并非尼采的不实之言。《希腊人肃剧时代的哲学》延续了《肃剧的诞生》对柏拉图知识论的批评——柏拉图力图凭借一种目的论形而上学建立一个可理解的世界。在尼采看来,柏拉图哲学由于其道德意图而过于政治化,这使得哲人柏拉图在城邦面前显得不够"坚决",柏拉图的立法方式还不够"自然"。

不过,尼采此时已经十分清楚,柏拉图的知识论具有"谎言"性质,甚至可以认为,柏拉图的真实知识论完全有可能也是悲观主义——倘若柏拉图出于政治理由在对话中隐藏了真实的知识论,尼采当然可以出于同样的理由隐藏对柏拉图的部分看法。既然如此,现代知识并未

① 这些课程的具体情况参 Curt Paul Janz, "Friedrich Nietzsches akademische Lehrtätigkeit in Basel 1869-1879", *Nietzsche Studien* 3 (1974), pp. 192-203.

② 德拉孔(Drochon)认为尼采对柏拉图的看法事实上并未发生过根本改变,参 Hugo Drochon, *Nietzsche's Great Politics*, Princeton: Princeton University Press, 2016, pp. 36-47.

从根本上瓦解柏拉图式的立法哲学，现时代的首要问题不是柏拉图的形而上学"谎言"本身，而是如何从现时代出发，借助柏拉图式立法哲学重新思考"政治哲学"自身的核心问题。在"第四沉思"《瓦格纳在拜罗伊特》中，尼采谈到，

> 在我看来一切哲学的最重要问题是，事物在何种程度上具有一种不可改变的性质和形象：为的是一旦这个问题得到了回答，就开始凭最坚决的勇敢着手提升世界的被认为可以改变的部分。①

现代世界在多大程度上仍然是可以改变的？是否可能借助"原初统一"的哲学"谎言"在现时代实现"提升人性"的计划？事实上，在写作《瓦格纳在拜罗伊特》之时，尼采已经对瓦格纳的浪漫主义艺术疑虑重重，②1876年的拜罗伊特之行使尼采确信，他的浪漫主义思想试验应该结束了。事实证明，这场浪漫主义的艺术形而上学冒险远比柏拉图的目的论形而上学更为"政治化"——浪漫主义对世界提出了超自然的要求，浪漫主义道德的"政治化"远远超出柏拉图，正如尼采多年以后所言，浪漫主义乃是一场形而上学的"安慰"；更重要的是，柏拉图创造的文化传统在西方世界延续了近两千年，瓦格纳的浪漫主义文化甚至在拜罗伊特也只是一个幻象。

从1871年到1874年，尼采的思想如疾风骤雨般向前突进，复杂程度丝毫不逊于中后期思想。《希腊人肃剧时代的哲学》已经开始考虑一种"非政治"的立法哲学，在这部书稿中，尼采认为泰勒斯至苏格拉底的"哲人群体"比柏拉图更有勇气"实践"哲学。所谓实践哲学的根本问题是自然学与民众道德的关系，对于尼采而言，柏拉图意味着某种非凡的混合：柏拉图具有远超早期哲人群体的实践能力，与此同时，柏拉图缺乏在城邦民众面前实践一种悲观主义自然学的勇敢……尼采或许从1874年就开始转向一种"肯定自然"的政治哲学，这种政治哲学乃是柏拉图与现代自然学的结合。在《快乐的知识》中，尼采开始公开表达这种充满"权力意志"气息的柏拉图式政治哲学。对于尼采而言，

---

① 尼采，《不合时宜的沉思》，前揭，页365，据 KSA 版略有改动。

② 除了哲学上的疑虑，青年尼采对瓦格纳政治观念的现代倾向也持保留态度，考虑到瓦格纳的文化价值，尼采此时在很大程度搁置了这种态度。

柏拉图与基督教传统证明,未来哲人或许能够提升这个世界可以改变的部分,尼采相信这是真正的"大政治",是以柏拉图之名与现代国家展开的一场异常凶险的精神对抗。①

重估一切价值的前哨站

——《敌基督者》作为开启未来政治想象的策略性部署

黄子轩 *

（中国文化大学哲学系）

摘　要：德意志观念论体现为实现自由的过程，以及人之为人的理性尊严。德意志观念论从主体内在的自由道德观点，扩充成一座体系化的道德理想王国。然而，尼采从德意志观念论中清理出"上帝死了"的残余，发现"苦恼意识"中的道德主体通过不断攀登理性视域最终导向消极的虚无。故此，主体的自由性并未真正地被打开。尼采由此部署《敌基督者》作为开路先锋，以便展开重估一切价值的积极作为，并从反自然心理的系谱当中开拓具未来性的哲学，替筹划的"大政治"打开了自由的维度。

关键词：理性　自由　主体　上帝死了　《敌基督者》　自然

引　言

从《快乐的科学》（*Die fröhliche Wissenschaft*）里白天打着灯笼四处寻找上帝的疯子，到《查拉图斯特拉如是说》（*Also Sprach Zarathustra*）当中，那位悠游林间、未知尘世巨变的老年圣者，牵涉"上帝死了"（Gott ist tot）的相关字眼，都未曾从尼采盘根错节的思绪中离开。疯子、查拉图斯特拉对于"上帝死了"的"意识"，以及市场笑众、老年圣者对于"上帝死了"的"未意识"之间，形成了一组"意识"格局上的强烈对比。这种巨大张力的反差情境，经常呈现在尼采格言体的写作之中，成为他的一种特有的叙事风格。尼采透过这样的格言体叙事，不仅是为告诫世人留心自己生存境况上的危机而发出的警示，更重要的是，他还试图透过两种

---

*　作者简介：黄子轩（1981－　），男，中国文化大学哲学系博士，主要从事尼采、福柯、宗教哲学等研究。

"意识"的格局区分,表现一种势态的影射。这种影射隐约透露出尼采策略部署上的一条线索,即能不能"意识"到"上帝死了",关系着全人类能否开启通向未来的一种觉知,觉悟"上帝死了"成了一项适应未来生存时所需要面对的基本课题。

一、关于"上帝死了"的思想演绎

尼采之所以萦绕着"上帝死了"的思维来推动其各项思想议题的展延,主要是和他所处时代的思想进展有关,其中涉及德意志观念论对于人类理性的把握,以及道德观念该如何安置等问题。因此,在说明尼采为何采取"上帝死了"的观点来诠释人类觉知未来的相关对策之前,我们必须先揭示这一段思想发展的演绎,以作为进入阐述其构思部署策略前的一个暖身。我们从认识论上掀起哥白尼式革命的康德(Immanuel Kant)谈起。他主张,真正的"崇高"(Erhaben)并非存在于自然客体之中,而是必须单从判断者的内心里寻找,且凭借着想象力,可以进一步刺激理性的参与和互动,勾提出内在由衷的崇高感涌现。正是因为人类拥有这项召唤理性的能力,人才有办法从星罗棋布的自然万物之中脱颖而出。康德透过主张"崇高"的概念,将"崇高"所引起的敬重感模拟成敬重内心的道德法则,说明了人类通过实践理性所唤起的"崇高"感受,是在鼓动崇敬道德规范性的精神力量来抵抗充塞于自然界的巨大无形之力,并且相信人类终究可以靠着理性的精神力量来战胜自然。①

康德旨在强调,真正的"崇高"不寓居于自然客体,而是涵养于判断者的内心之中。这是因为"崇高"的情感来自想象力和理性之间,强烈冲突感的交互激荡,最后导向一个无限的理念。这种强烈的冲突所产生的转折理念,正好彰显了人合乎目的的意义和价值。如果自然整体应该存在,那么它的终极性目的就应该坐落在人的道德性之上,而且任何能够促进人类道德自律感的途径,都当被视为自然的最后目的。因此康德总结出了一个结论:

> 实际上,对自然界的崇高的情感没有一种内心的与道德情感类似的情绪与之相结合,是不太能够设想的。②

---

① 康德,《判断力批判》,邓晓芒译,北京:人民出版社,2002,页100-101。
② 康德,《判断力批判》,前揭,页108。

诸如此类的观点也启发了康德,把人的概念定义为自由的道德存在。康德透过内在自由的道德观点,强调个人应该将其任意不羁的自然本性加以抑制,以获得真正的内在自由。康德认为,人的发展不应该是全然地顺从其自然本性,而应当是克服一种不稳定的自然直觉转而投入一场爆炸性的突破。促成这种关键性突破的因素,就在于生命内在原则出现了根本的转向。对康德而言,人本身就内建了一个规范性的概念,此概念又建立在人必须与自然本性断然区分的严格标准之上。若不能彻底地对这两项概念加以区分,人的内在自由便无法达成,在面对自然本性与自由个体本质断裂的冲突议题上,康德的处理态度是单纯地想透过压抑自然本性的方式来实现个体的自由。因此唯有通过对自然与理性的严格区别,生命的内在原则才会有爆炸性的突破,人的主体方会有实现自由的可能。

在康德道德目的论的意向之上,康德认为,"上帝"的概念可以统摄自然整体的目的与人性自由的施展,以及道德文明的完善,即设想了一种"至善"(das höchste Gut)①融通的完满境地作为终极理想的道德目的。康德以为,唯有人类的理性与道德的文明持续朝着高阶层次的目标前进,人与自然才能实现真正的和谐,理性拔擢人类脱颖而出,为自然立法,从而人类在自身发展的历程里实现自然与自由相互融贯的和谐一致。因此,他阐释了悬设(Postulat)"上帝实存"的意义,说明了悬设"上帝"概念是为了主持"德福一致"(the harmony of Happiness with Virtue)②或"配得幸福"(Glückswürdigkeit)之道德正义的需要。在维持道德实践公正性与落实"至善"目标的可能性上,"上帝"是必须实存的。康德把"上帝"的悬设安置在实践理性的道德律令之中,视其为一

---

① "亦即必定把上帝实存悬设为必然是属于至善(这一我们意志的客体是与纯粹理性的道德立法必然结合着的)的可能性的。"康德,《实践理性批判》,邓晓芒译,北京:人民出版社,2003,页170。

② "在纯粹理性的实践任务中,即在对至善的必然探讨中,这样一种关联却被悬设为必然的:我们应当力图去促进至善(所以至善终归必然是可能的)。这样,甚至全部自然的一个与自然不同的原因的存在也就被悬设了,这个原因将包含有这一关联,也就是幸福与德性之间精确一致的根据。"

"至善由于只有在上帝存有的条件下才会发生,它就把它的这个预设与义务不可分割地结合起来,即在道德上有必要假定上帝的存有。"康德,《实践理性批判》,前揭,页171、172。

道不可或缺的环节。透过这道环节,人类掌握了实现道德"至善"的手段。从人类内在意志的自由,到自我约束的道德自律性,再到意志良善的"至善"完满,在这条道德圆满的爬升过程之中,"上帝"和道德在本质关系上出现了釜底抽薪的巨大置换。康德虽然没有直接对宗教掀起颠覆性的摧毁言论,却运用理性批判的理论,巧妙地执行了宗教批判的任务,将原本对于"上帝"的信仰功能替换成人类实践理性的道德挥发功能。

在德意志观念论发展到巅峰之时,黑格尔虽然用了辩证理性揭开了宗教存在的秘密,但与此同时,却也把康德所引以为豪的人类理性论述导向了一种神秘领域。黑格尔指出,"上帝"从无中创生了世界万物是神秘的,那么,概念从理性中外化出物质世界同样带有违反经验的神秘性质。"上帝"用自己的理性赋予的事物是神秘的,世界历史发展受制于绝对精神也同样神秘,"上帝"就是那普遍的、绝对的、本质的精神。在创造物与"上帝"之间,或者说是在有限的特殊存有与无限的普遍存有之间的调解方法,通过黑格尔所谓理性思辨魔力[1]的训练来付诸实现,这种理性思辨以绝对知识的获得而告终。

当黑格尔从中揭示了历史"理性的狡计"(die List der Vernunft),[2]并且把变化多端的历史过程囊括于理性综合的精神"以太"(Äther)[3]时,黑格尔便更加明白理性在批判宗教时所扮演的功能与角色。他认为,只要基督宗教保留了有限创造物与无限创造者的旧约框架关系,就会存在一个对于人类自由和创造性的相应贬抑,以及持续着一种因生畏而遵命的效力模式,但这些状态将通过提取基督宗教基本教义中的理性意义以及伴随对神性与人性的统一明证而得到克服。黑格尔的方法就是从基督宗教教义出发,环绕着哲学探索与基督宗教信仰的疆界,让自我认知的神化实际实现。因此他加深了对理性的思考,并认为:

---

[1] "精神在否定的东西那里停留,这就是一种魔力,这种就把否定的东西转化为存在。"黑格尔,《精神现象学(上卷)》,贺麟、王玖兴译,北京:商务印书馆,1979,页21。

[2] "现存世界里充满了的那种粗率和无聊,以及对某种未知的东西的那种模模糊糊若有所感,在在都预示着有什么别的东西正在到来。可是这种逐渐的、并未改变整个面貌的颓毁败坏,突然为日出所中断,升起的太阳就如闪电般一下子建立起了新世界的形相。"黑格尔,《精神现象学(上卷)》,前揭,页7。

[3] 黑格尔,《精神现象学(上卷)》,前揭,页16。

"理性这一观念,出现了意识确信在它的个别里它就是绝对自在的存在,或者它就是一切实在这一观念。"①

黑格尔也从不讳言其哲学附带了一种神秘的特性,原因也是出于其看待理性的方式,正如他所提到的:"一切理性的真理均可以同时称为神秘的。"②与康德不可知论的神秘性相比,黑格尔的这种神秘,其特别之处在于,它是一种主客观相统一的动态可知性神秘。黑格尔通过辩证理性诠释的方式实现了对宗教的批判,但由于辩证理性自身无法抗拒神秘,最终导致了辩证理性消融于宗教的神秘性之中。如此辩证理性披上了一层神秘的外衣之后成了另外一种新的宗教,而宗教却也从此褪去了神秘的光环而成了一种现实的理性。若置换成黑格尔在《精神现象学》结尾处所界定的说法就是:

> 美的灵魂即是自我确知的精神在其纯粹透明的统一性中关于它自身的知识,——即自我意识,这自我意识知道关于纯粹的内在自身的这种纯粹知识就是精神,知道它不仅是对于神的直观,而且是神的自我直观。③

黑格尔所施行的理性辩证法而产生的宗教批判之效果,是在对有限的和被创造状态的局限以及时空世界里生存之不完美性的有效克服,这间接地导致了理性的宗教化和宗教的理性化。为了呈现受造物通过理性企图超越全能之创造者"上帝"的那种忿恨的郁闷状态,黑格尔引入"苦恼意识"(das unglückliche Bewuβtsein)作为阐述这一论题的核心概念。

早在《精神现象学》中,黑格尔就设计了一条探索关于奴隶(个体)获得自由的途径,以及他遭遇不快、陷入"苦恼意识"之中的诸般论述,其主要目的是想借由主奴关系的比喻,来展示理性为克服对全能创造者贬抑自由性的超越,而达到神的自我直观之境地的前置挣扎。主人起先开始是透过外在的形式出现在奴隶的面前,然而当它再度出现时却已经转化成为奴隶自己的意识。这种不愉快意识的产

---

① 黑格尔,《精神现象学(上卷)》,前揭,页153。
② 黑格尔,《小逻辑》,贺麟译,北京:商务印书馆,1980,页184。
③ 黑格尔,《精神现象学(下卷)》,前揭,页263。

生,是它自己的自我苛责(self-beratement),是主人转化为一种精神现实的结果。在"苦恼意识"因丧失(自我)主体和实体而来的极度痛苦中,在"苦恼意识"这种此岸与彼岸的可怕分裂中,"上帝已经死了"。① 黑格尔认为,"苦恼意识"这种极端的虚无主义只是人类精神、意识发展自我意识的必经之途,而随着一种理性视界——"实体即主体"的达成,理性矛盾可以在自我中找到和解。如此苦恼意识产生特有的虚无主义形态就会自动消解,"上帝"可以在更高的理性视域中获得新生。按照洛维特(Karl Löwith)的说法,这一段时期的哲学,发展出了一种独特的模棱两可现象(Zweideutigkeit),它的模棱性呈现在一种既想要立足于基督宗教传统来做思考,却又希望以纯粹哲学的方式来奠定基督宗教之信仰的尴尬情境之中,因此,他把这种纠结于两端而进退维谷的过渡思想称为"后基督教哲学",它开始于笛卡尔(René Descartes)非信仰的"上帝"证明,中经康德的"理性信仰",最终到达黑格尔的"宗教哲学"。②

　　然而,在黑格尔之后的 19 世纪,已经逐渐无法忍受黑格尔辩证理性的除魅不彻底,哲学概念因为理性对宗教神秘面纱批判的不完全而丧失了表达上的清晰明确。为了接续黑格尔未达成的宗教批判任务,青年黑格尔派③的戴维·施特劳斯(David Friedrich Strauss)挺身而出,透过《耶稣传》(Das Leben Jesu kritisch bearbeitet)当中所谈论的"神人就是人性"的宗教内核来继承黑格尔"实体即主体"的理性视界,企图通过人性的现实性消除宗教的神秘性。无疑,他消化过费尔巴哈(Ludwig Andreas Feuerbach)"上帝是人之投射"的主张。一直到马克思(Karl Heinrich Marx)宣布"对宗教的批判基本上已经结束"为止,琳琅满目的德国思想家们,遁入"苦恼意识"的挣扎之中,层出不穷的观点只为了填补理性的空虚,让"上帝"概念能够适得其所,在更高的理性视域中获得新生。他们一方面要消除黑格尔哲学体系中的神秘化因素,将黑

① 　黑格尔,《精神现象学(下卷)》,前揭,页 231。
② 　洛维特,《尼采的敌基督教登山训众》,收于《尼采与基督教——尼采的〈敌基督〉论集》,刘小枫选编,北京:华夏出版社,2014,页 1–2。
③ 　"这个团体中比较激进的成员反而从黑格尔哲学中看出了取消或克服基督教传统的可能性。"詹姆斯·C.利文斯顿《现代基督教思想(上卷)》,何光沪译,成都:四川人民出版社,2003,页 310。

格尔的理性思辨转化为宗教批判的原则和工具。但另一方面,他们又进一步想要剔除现实宗教当中的神秘性质,通过消解宗教的神秘意图来瓦解其在现实世界之中的崇高与神圣性,以完成理性对于宗教彻底性的批判。

以费尔巴哈为例,他即是归结那个更高的理性视域为"哲学人类学",让"上帝"以人的姿态获得新生。而这个探究更高理性视域的历程,对马克思而言,是进行所有其他批判的前提。马克思不满意费尔巴哈,把理性矛盾之和解统整成"哲学人类学",于是他进一步地将实体主体从"人"的概念带入"人的世界:即是国家、社会",由此从"哲学人类学"转向"政治经济学",把宗教批判的事业推向了以世俗层面为实体的现实批判,从而期望能将"人"自"人的世界"当中彻底地解放出来。

马克思理想中的方案,是通过宗教批判向世俗转化,以一劳永逸地终结对彼岸世界无休止性的争论和遐想。但在《〈黑格尔法哲学批判〉导言》(*Zur Kritik der Hegelschen Rechtsphilosophie. Einleitung*)中,马克思仍然提到:"批判的武器当然不能代替武器的批判。"[①]这暗示了历史唯物论本身也需要理论"彻底性"[②]的说服力。

尼采则另外开辟了批判的战场,把对基督宗教之批判延伸成审视西方现代文明的全盘价值体系。首当其冲的目标,就是19世纪喧闹不休的"上帝"[③]概念。他直接地面对这一个更为庞大而精密的文化逻辑,缜密地梳理基督宗教的话语模式及其核心的内在价值,从欧洲文明机体之中清理出最高价值废黜的理由,并进一步开展了"上帝"死后的现实新局,即是对一种颓废而孱弱的生命实存现象的清理。它涉及虚构价值体系所蔓延和展布的相关范畴,俨然已经发展成为一种牢不可

---

① 马克思,《黑格尔法哲学批判》,中共中央著作编译局译,北京:人民出版社,1963,页9。

② 用马克思的语言,彻底性就是抓住事物的根本。

③ 后来的海德格尔(Martin Heidegger)指出,上帝是在最高价值的意义上被表象,可见其综揽了整体欧洲文明的核心价值。参见马丁·海德格尔,《林中路》,孙周兴译,上海:上海译文出版社,2004,页236。而关于尼采如何看待传统"上帝"的概念,我们可以通过一段简单的话来粗略把握,尼采认为:"精神作为原因的谬误被混淆为现实!被设定为现实的尺度!被称为上帝!"可以参见尼采,《偶像的黄昏》,卫茂平译,上海:华东师范大学出版社,2007,页81。

破的心灵结构。

尼采并没有随波逐流,尾随当时宗教批判的思想家们,为消解"苦恼意识"中的虚无主义,总认为更高的理性视域中存在着自我和解的可能,因此不断地攀登更高的理性视域,为"上帝的新生"预留舞台。相反,尼采一不做二不休,开诚布公地宣告"上帝死了"。这一宣告象征着尼采奋力挣脱黑格尔及其派生路线的思想牢笼,认为与其消极地在理性视界中空转,不如尽情地迎接虚无。这好似树木生长的生命力道般,积极地向上展枝、向下扎根,充分地自我展开,此番壮士断腕的气魄恰好呼应了尼采那句豪气干云的自我定义——一种"积极的虚无主义"(der active Nihilismus)。

对尼采而言,"上帝死了"意味着所有超验原则的全然失效,混沌笼罩大地,人类必须再一次组织出一种不同于以往的生活方式,才能在虚无的局面上开拓出可以立足的容身之地。此时组织再造的策划工程,就必然需要实施一种政治性的调配运作,好因应这样一个紧迫性的危机事件。"上帝死了"这样一个概念也是在这个意义上,释放出了其政治意涵的相关效应。但它的意义并不仅仅是浅陋地预示通盘政治合法性原则的全面失效,更重要的是,它还刻画出寓意深远的实存课题,即"存有者如何存有"或"存有者如何幸存"的问题。在一片废墟死寂之中,如何以积极延续的态度,开拓一种不同过往的新价值。重新面对及组织上帝之死所带来的虚无与混沌,即是尼采所谓"大政治"(die Große Politik)的时代任务。而"大政治"的基要方针,就是要确保每一项统合性的重组过程都能够涵摄筛检价值的机制与评鉴。一种本于价值的决断思维在此刻就显得格外关键,因为它正面临着牵一发而动全身的大幅变动。政治调配上环环相扣的连结特性,也预告了一条严峻而崎岖的未来险路,最高价值("上帝")的重估重组势必牵动复杂层面的价值更替,以及实存经验的再次检视。

二、《敌基督者》与重估一切价值

如此看来,进行重估一切价值的事业俨然已经成为"上帝死了"之后的主要任务。面对这样艰巨的任务,自然要找出尼采重估价值议题上的主要脉动,弄清楚他在操作策略执行层面上的部署设计,才能够充分地与尼采通盘重估战略的视角迭合,以理解他晚年以来,耿耿于怀的思想用心。既然如此，我们就不能不提及尼采晚年对于《敌基督者》（Der Antichrist）著作的相关配置问题。1886 年，尼采给自己最重要的几本著作写了新的前言，非常清晰且具有启发性地阐明了他自己的思想发展历程。[①] 这些前言按着编年史的方式汇编在一起，呈现出一幅众星拱月的情景。它们围绕着尼采哲学视角中心的主楼，这主楼便是他先前在 1884 年 6 月中旬之遗稿[②]当中所筹划的楼房架构之比喻，其中包括业已竣工的哲学前厅——《查拉图斯特拉如是说》，以及令人引颈期盼，别称起名为"重估一切价值"（Umwertung aller Werte）[③]的哲学主楼。到了 1888 年，尼采又再次透过一座意象性的巨大浮雕[④]来向我们展示这栋哲学主楼的基础结构，其井然有序的排列，不仅清楚地向我们廓清了尼采处理问题的先后排序，而且还显示出了其操持步调上的轻重缓急。透过这些蛛丝马迹，我们谈论起尼采的策略部署之时，就不至于沦落为空口无凭或捕风捉影。

尼采将《敌基督者》置于全书规划当中的起首篇章，成为整体重估

---

① 尼采，维茨巴赫编，《重估一切价值（上卷）》，林笳译，上海：华东师范大学出版社，2013，页 10。
② 参见尼采，维茨巴赫编，《重估一切价值（上卷）》，前揭，页 12。
③ 另一说法为"生成的无辜"（Unschuld des Werdens），即是如今声名远播的书名《权力意志》（Der Wille zur Macht），时至今日我们已知晓，尼采的这一项事业并没有完全竣工，仅留下大量的遗稿。
④ 尼采对于重估一切价值的编排规划，顺序如下：

> 重估一切价值。
> 第一卷
> 敌基督者，一种对基督教的批判尝试。
> 第二卷
> 自由精神，对作为虚无主义运动的哲学的批判。
> 第三卷
> 非道德论者，对一种最危险的无知、道德的批判。
> 第四卷
> 狄奥尼索斯，永恒转回的哲学。

> 参见尼采，维茨巴赫编，《重估一切价值（上卷）》，前揭，页 17。亦可参见尼采，《权力意志（下卷）》，孙周兴译，北京：商务印书馆，2007，页 1316-1317。

计划上的起手式。这说明他预设了《敌基督者》当中所要探讨的议题内容,具有刻不容缓的紧迫性,必须置于各项重估事业的前头来优先处理,就是因为尼采在配置次序上存在着克服时代困局的思虑。所以我们才更加应当正视《敌基督者》所引申出来的种种议题,因为它将会牵动尼采重估计划上的各项问题的展延。① 然而,《敌基督者》究竟抛出了什么样的议题? 它重估了些什么? 这部像是没章法、漫无目的谩骂的著作,又到底发挥了什么前导性作用? 也许我们可以从该著作中尼采提问的脉络寻觅起,以便对其问题意识进行把握,尼采在书中曾问道:

> 四分之三由牧师和学者后裔构成的德国知识界,在康德登场时所发出的一片欢呼声,究竟来自何方? ——认为康德开启了一个更好转向的德国信念,在今天仍然得到呼应的德国信念,又是来自何方?②

这几个疑问都将问题的焦点指向了让牧师及学者后裔为之风靡、倾倒的康德,这可以追溯至康德引发的怀疑论(关于理性的批判理论)。它开启了一个更好的转向,让"真实世界的概念"以及"作为世界之本质的道德概念"重新成为可能,并促成了一条通往古老理想的隐蔽道路敞开。尼采认为康德"利用怀疑论为柏拉图主义做准备",③好让存在者(Seiende)的概念,能够生根于"心理之物"(das Psychische)而变成意念之中的实在,即是所谓认识论的转向。针对康德所衍生的此类问题,尼采便审慎地从其起源的症结来进行相关的分析与考究,他说:

---

① 事实上,关于《敌基督者》作品的属性,海德格也有相似见地。他从尼采的著作中区分了三种基本态度,而第三种基本态度的主要标题为"重估一切价值",这一基本态度在海德格尔看来包括了尼采1887年到1888年的三部作品(《偶像的黄昏》《看哪这人》《敌基督者》)。参见马丁·海德格尔,《尼采(上卷)》,孙周兴译,北京:商务印书馆,2004,页16-17。

② 尼采,《敌基督者》,收于吴增定,《〈敌基督者〉讲稿》,北京:三联书店,2012,条10,页138-139。

③ 尼采,维茨巴赫编,《重估一切价值(上卷)》,前揭,页90。

今天仍然如此……我很慎重地说出我对德国的思考……难道康德不是在法国大革命之中看出国家从无机形式向有机形式的过渡吗？难道他没有扪心自问：是否一个个别事件只能通过人性中的道德倾向来进行解释，这样就能够一劳永逸地证明"人类朝向善的趋势"？康德的回答是："这就是革命。"在一切事情上都谬误百出的本能，作为本能的反自然，作为哲学的德国式颓废——这就是康德！①

1789 年，法国大革命爆发，鼓吹自由、平等、博爱的普世价值，让公民大规模地采取属地原则来获得有效公民身份。来年（1790 年），康德出版了《判断力批判》，并对"审美"与"崇高"作了划分，以因应法国大革命反思自由真谛的时代诉求。康德面对自由权、财产权和法治理念的相关内容，能够抛出新颖的认知格局，以强化义务秩序的道德理想。为此尼采认为，在法国大革命这样伟大的历史价值上，康德犯了严重的判断失误。康德就如同卢梭一般具有实践道德倾向上的偏执，以至于他会做出将基督宗教的"上帝"与道德价值相结合的判断，让基督宗教价值的色彩隐蔽在道德义务之中，导致自己终究沦落为一种彻底的教条主义者。康德让道德概念又重新燃起了作为世界之本质的可能，而黑格尔则是尾随其后推波助澜，透过历史的理性辩证法，让道德义务在国家这种最高层次的伦理精神之中得以现实化。这两位奠基德意志观念论的思想大哲，承先启后地促成了一项合作，协力扶植起一座充满人类理性实践的道德理想国度。从个人内化的自由道德到服从国家道德的实现，是一段细致而缜密的道德思想建构，是德意志观念论实现理性来贯彻自由的完整历程。面对德意志观念论道德理想的泛滥，尼采则是态度坚决地断然与之区分，并且指出：

黑格尔：他关乎战争和伟人的学说普及的一面。正义在胜利者一边：他代表着人类的进步。试图从历史出发证明道德的统治。
康德：道德价值的王国，跟我们分离，看不见，真实。
黑格尔：可以证明的发展，道德王国变得可以看见。

---

① 尼采，《敌基督者》，前揭，条 11，页 141。

　　我们既不上康德手法的当,也不被黑格尔手法欺骗:——我们
不再像他们那样相信道德,因此也不必去创立哲学,以此使道德总
是有理。①

　　从这一段带有宣示口吻的评述之中,我们可以明白尼采欲摆脱德
意志观念论之哲学探究手法的立场与决心。因此我们可以用同理心推
断,尼采在《敌基督者》之中,探讨议题的思维策略,自然不会再重蹈德
意志观念论实践理性手法的覆辙。为了抵抗德意志观念论以降由黑格
尔所集成的理性历史辩证法,尼采采取了一种系谱学式的历史性(his-
torical)②认识,以瓦解黑格尔那种奠基于形而上学精神意义之上的历
史认识。在这种历史性的认识之中,并不是要否定一些超越历史的元
素在道德演变之中所应当承担的分量,相反却是要利用它们来贯穿历
史,倚重它们那种不属于形上学范畴的心理因素(例如欲望、怨恨等)
来衬托历史的意义。这种历史性的解释方式,为道德问题的思考引进
了一种起源的视角,从这些偶发事件的微妙转变中,去搜寻那些驱使道
德观念转变的心理元素。
　　一种历史因果序列之外的元素,仿佛自身没有历史,在时间的因果
序列中也找不到它前后发展的逻辑次序,因为它是深埋在人心里晦暗
的角落。尼采称之为灰暗(Grauen)的心理活动,这种活动经常披戴上
一些固有的道德性语言,利用这种内在改变的覆盖来粉饰太平。所以
尼采透过一种新的道德价值批判,来分解这种道德价值的构成方式。
他类似在处理一种记忆的问题,目标在维持住生命,不让沉重的记忆所
拖垮,并确保其继续自由地生存、创造。这不但打击了黑格尔以降的历
史哲学问题,还以更符合生命形态的历史叙事映照出人生百态的历史
际遇。为此尼采曾引以为豪地表示:

　　　　所有的心理学到目前为止只停留在道德的偏见与怯懦上,未
　　能进行深度的探究,在思想上还没有人能像我这样,将心理学构想

---

① 　尼采,维茨巴赫编,《重估一切价值(上卷)》,前揭,页91。
② 　所谓历史性的认识,不只是把历史纯粹当作一些以前发生过的故事,而更要认
　　识到这些故事是在历史时间线的哪个阶段发生,而这条时间线一路延续到此
　　时此刻,它重视且强调一种事件发生性的偶然。

为形态学(Morphology)与权力意志(Will to Power)的发展理论。①

尼采运用系谱学方法发展历史性的心理学论述,旨在摆脱德意志观念论的实践理性和辩证法的历史认识。一旦我们体会到尼采在《敌基督者》之中,采用系谱学历史性认识所扮演的关键性作用,我们就能着手探讨为何需要将《敌基督者》部署于"重估一切价值"之起首篇章。尼采首先看到了康德德国式的颓废逻辑(die Logik der décadence),以及上承这套逻辑所浮现出来的线索。以此作为主线,尼采进行了一段系谱学起源问题的追踪,并展开一条"反自然心理学"的寻根之旅。此举的目的,不仅是为了打破道德语言对价值惯性的形塑,并且还要将祸害遗千年的"颓废运动"②连根拔除。

尼采通过"神/上帝"的概念系谱来剖析"反自然心理学"的渊源,他指出:"以色列的历史,作为将一切自然价值去自然化(Entnatuerali-chung)的历史,具有无可估量的价值。"③此处尼采定义犹太人在历史层面上为反自然心理趋向的起义者,标示他们为掀起"颓废运动"的始作俑者,其中关键性的环节正是他们抽换了"神"的概念。犹太民族为了拥戴民族之神耶和华成为评量公允的"正义之神",④不惜借着"神"的概念来施行一种变造的意念,将一切触及民族发展的幸福解释为赏赐。而对于与不幸相关联的任何状况则解释为对神的不顺从,理当负罪受罚,由此抽换了原本作为表达民族自我意识(感觉)和生命本能生长的"神"之概念。

这项变造的过程,不仅掺杂了民族"道德"风俗的混淆,而且还发

①　Friedrich Nietzsche, *Beyond Good and Evil*, trans. Helen Zimmern, New York: Random House, 1997, p. 17.

②　依照尼采的语境,在历史长河之中,每一事件的发生,是涉及权力意志的衰弱、生理的退化,或是创造出某种比生命价值更强大的东西,创造出一种与自然条件对立的概念而喧宾夺主,剥夺对生命的肯定,就归属于"颓废运动"的行列之中。

③　尼采,《敌基督者》,前揭,条25,页170。

④　参见 Friedrich Nietzsche, *On the Genealogy of Morals& Ecce Homo*, trans. Walter Kaufmann and R. J. Hollingdale, New York: Random House, 1967, p. 73. 在《道德系谱学》第二章,条11之中,尼采谈到当时新颖的心理学探讨,是关于在怨恨的基础上追寻起源的尝试,对照此处,能对尼采的思路有更明确的把握。

展出了一套维持道德秩序的文明逻辑,这套"神"之概念的逻辑让良知心理有了指标性的参照,并且让驭众之权力也因此找到了施展的出口。如此一来,"神"的概念便不再是为民族生命的生长而服务,自然生命的本能也在迎合风俗律法(Thora)的秩序之中凋零枯萎,最终排斥自然的心态充斥了整个心理,进而转化为一种去自然化具现的实践。尼采认为,这是发生反自然心理初始的一段演绎。而潘多拉的盒子一旦打开,去自然的逻辑便会因势利导、顺势而为,犹如尼采自己所言:"一旦人通过奖赏和惩罚将自然的因果关系逐出世界,那么他就需要一种反自然(widernatuerlich)的因果关系:其他所有的反自然(Unnatur)便会接踵而至。"①

　　"神的概念被伪造;道德的概念被伪造——犹太人的教士特征并没有就此终止……这些教士实现了伪造的奇迹。"②面对民族自我保存的问题时,犹太人怀着一种极端的愤懑意识,不惜一切代价把民族赖以维生的本能条件全部抛弃殆尽,从自身之中创造出一种有违自然生存法则的神迹概念。由于现实生活之中颠沛流离的不安际遇,以及同外在自然条件搏斗的创伤经验,都造成犹太人心中怀抱着愤恨不平的情绪,进而寄托于一种超自然的宰制力来中断世间遭遇的无能为力。犹太人透过"神"之概念移转内在的心理,制造一个心态的转向,假"神"主持正义之名,制定分配奖赏和惩罚的律法,借以平衡波涛汹涌、抑郁难伸的心理。这种挟神义以配秩序的古老道德,是犹太人透过律法至上的原则来抑制自然强力的教士特征,是一种怨恨本能的逻辑在作祟。因此也造成了生命价值观的倒转,贬抑肯定生命的自然强力本身,然后以恶之名义钳制依顺生命发展的突破力道,让民族自我认同的生命本能受挫,使其浸染在这种颠倒黑白的价值观而步上颓废。

　　顺着这条反自然的系谱路线,尼采继续推演出了一条"颓废运动"的滑坡(landslides),即是基督宗教将其所公开的一套拯救者降临的救赎模式——"救恩是从犹太人出来的"③——引为口实、借题发挥。凭借这一宣称,尼采揭露了基督宗教承继犹太道统的欲望与意图,随着救

---

① 尼采,《敌基督者》,前揭,条25,页171。
② 尼采,《敌基督者》,前揭,条26,页172。
③ 尼采,《敌基督者》,前揭,条24,页167。亦可参考《约翰福音》4:22。

恩预言的技术性对应吻合，对抗自然的怨恨心理本能也就借此蛰伏于基督宗教的基础价值之中。这条关乎救恩内容的救赎方程式，本质上仍然仰赖一种超脱自然因果规律锁链的循环式循环，是一种抗拒自然的心灵逻辑。它在本质上同犹太人怨恨自然凶险的系谱并无二致，是寄生于犹太人颓废本能的一种后果。

从犹太民族对抗严峻的自然条件而设立的自我保存机制，到基督宗教以救恩维系永恒生命的自我保存设想，它们都是自发性地靠向了反抗自然本性的一方，不是因为反自然的本能主宰了它们，而是它们在反自然本性的价值上窥见了一种足以对抗"世界"（Welt）的权力。这是出于自我保存层次上的最深层阴谋，尼采认清了这一层的关系之后便直接阐明：

> 犹太人是一切颓废的对立面：他们不得不将颓废装扮到幻觉的地步，他们知道用一种无以复加的表演天才，把自己推到一切颓废运动的顶峰（——就像保罗的基督教那样——），以便从中创造出某种比肯定生命的一方更强大的东西。对于想要在犹太教和基督教中攫取权力的那一类人来说，对于一种教士类型的人来说，颓废不过是手段：这种类型的人唯一的生活兴趣就是使人类生病，就是在一种危害生命和诽谤世界的意义上颠倒"善"与"恶"、"真"与"假"的概念。①

透过这段文字，我们意识到，尼采对反自然心理的系谱学追踪，已经从源生于犹太脉络的原委说明，进展到一种教士形态学系谱之形成的相关探讨。尼采通过反自然心理系谱的追踪，进而构思出教士心理学上的一种形态归纳，以及其权力意志是如何伸张的一种发展理论。由此他也就把握了一种批判性原则，能够对于德意志观念论道德泛滥的情况提出总体性的脉络批判，他说：

> 康德以"德国式"的无辜，在"实践理性"概念的名下，努力把这种败坏的形式、这种理智良知的匮乏变成科学。他特意发明了一种理性来表明，在什么情况下可以不关心理性，就是说，在道德、在"你应该"的崇高要求发出声音的时候。只要考虑到，在几乎所有的民族之中，哲学家都不过是教士类型的进化，那么这种教士的

---

① 尼采，《敌基督者》，前揭，条24，页169。

遗产、这种自欺欺人的伪造也就不再令人吃惊。①

尼采看到，教士类型之人借鉴了犹太人的狡计，强行将"神"、"神的意志"、"神的启示"等概念作为信念安置在人的心灵深处。而康德有关颁布绝对命令的构思，以及让理性变成实践性的（praktisch），便如同教士类型之人在人们的心灵内安置了反自然性质的"神"之概念。因此，两者行径在反自然的心态上无异。为此，尼采才提出了这样一种判断："在一切事情上都谬误的本能（instinct），作为本能的反自然，作为哲学的德国式颓废——这就是康德！"②

在《敌基督者》中，尼采通过系谱学的分析，一方面是要摆脱传统形而上学的历史认识，另一方面是要建立一种偶发性反自然心理事件的追踪，以梳理教士类型及其伸展权力意志的发展理论。尼采通过康德对教士类型的批判，延伸到对哲学家的批判，再到对德国的批判。这一条进路表明，尼采部署《敌基督者》作为"重估一切价值"的起首篇章，目的就是通过系谱学对于基督宗教反自然路线的分析与批判，来挑战和重估时代氛围之中德意志观念论的泛滥道德价值。

因此，尼采后来会提到："驳斥上帝：——其实只是驳斥道德的上帝。"②这一短语道出了19世纪连同德意志观念论思想贫乏的困境，在批判"上帝"的成果上，不过是为了完成理性视域的叠合以便成就道德的陈腔滥调。尼采部署《敌基督者》的策略，即是想要通过反自然心理的系谱分析，打破道德语言对价值惯性的形塑，以挥别德意志观念论实践理性的泛道德框架。尼采从19世纪批判"上帝"的浪潮上跳脱，以对基督宗教系统话语模式之内的价值提出一种别出心裁的彻底批判。这样就能打破19世纪以来思考方式的格局，为后续各项重估事业的展延铺陈新的思路。不论是著作抬头的命名，③还是文末结语的自白，④尼采都专有

① 尼采，《敌基督者》，前揭，条12，页142。
② 尼采，《敌基督者》，前揭，条11，页141。
③ 不论从敌基督者或反基督的角度来理解，都不能抹灭尼采有对抗基督的潜在意识。而唯一承认基督已经降世且将之奉为信仰中心的宗教，仅有基督宗教。
④ 《敌基督者》的最后提到："人们从这个开启灾祸之门的不幸日子开始计算时间——从基督教的第一天开始——为什么不反过来从它的最后一天开始？从今天起开始？——重估一切价值！"。参见尼采，《敌基督者》，前揭，条62，页267。

所指地挑选了基督宗教作为箭靶。这是因为它主司了欧洲心灵逻辑的核心权力，牵涉领域甚广，浸淫文明甚深，唯有对其进行重估，才能斩断绵延不绝的"颓废"病根。

三、开启未来的"大政治"

部署《敌基督者》，作为对抗时代氛围中德意志观念论的道德浮滥，只是尼采通盘重估事业的一个环节，作为一种铺陈后续各项议题展延的策略而已。而重估基督宗教的历史内涵，才是尼采撰写《敌基督者》的主要目的。尼采视基督宗教为有史以来最大的价值对立，因此他主张，只有精神已经变得自由的人才有资格去重新理解它。对此，尼采在重新理解基督宗教的意图之上，设定了一项还原的计划。随着文本脉络的开展，尼采透露了这项计划的宗旨是："我把话题扯回来，我想叙述基督教的真正历史。"①这意味着，尼采对于传统过往的基督宗教历史丧失了信任，以至于要通过再叙述来重建基督宗教的真正历史。

而在这一段重建基督宗教真正历史的过程之中，尼采提到："不应该粉饰和美化基督教：基督教发动了一场针对更高类型的人的殊死战争。"②言下之意，尼采认为传统的基督宗教叙事，粉饰和美化了基督宗教的历史内涵，掩盖了它对更高类型之人发动颠覆性革命的事实。若要重现真正的历史，就要揭示这场革命背后所隐匿着的本质性问题，即基督宗教阻碍了人向更高类型之人过渡的事实。然而与此同时，尼采为了探究如何重现它，遭遇了一项相当棘手的难题："拯救者的心理学（Psychologie des Erloesers）问题。"③尼采企图通过探讨它来还原其真正历史性叙述。尼采透过系谱学对起源的追踪，构想形态学及权力意志的发展理论，从而对耶稣的人格要素提出新的叙述纠正，以便还原基督宗教的真正历史叙事。

然而，在透过各项因子的崭新组合之后，形塑出来另一个全新的人格，这样构思新人格的基础，已经为形成新人格的条件指引了一条涉及政治效用的明路。在这样的诠释手法底下，尼采指出了耶稣人格心理

---

① 尼采，《敌基督者》，前揭，条39，页199。

② 尼采，《敌基督者》，前揭，条5，页128。

③ 尼采，《敌基督者》，前揭，条28，页178。

的修正方案,即是将他形容成"趋近白痴般的孩童"性格。①　如此透过耶稣呈现出一种从未受过任何"精神"文明侵扰的纯白人格,尼采让耶稣成为"自由的精神"而摆脱一切形而上学的束缚与缠扰,并释放出更多可能性与复调性的积极向度。尼采说:"人们可以称耶稣是一个'自由精神'(frei Geist)——他不关心任何确定的东西。"②耶稣同所有形式的律法、教义相抵牾,归根结底,尼采是要凭借耶稣这种不关心任何确定性的自由特质,开启一种"超人"(Übermensch)形象的素质,并传达一种与自然相和谐的"内在复调的主体"。③

在尼采看来,本能是人的一种表征,人无法与本能彻底切割。本能可以是一种超越"善"、"恶"④的积极性建设力量,也可以成为一种破坏性的干涉力量,关键差异在于怎样去引导本能。尼采把耶稣理解成伟大的"象征主义者"(Symbolist)⑤:

---

① "在耶稣所生活的世界没有任何意义。用心理学家的严格性来说,一个完全不同的词语用在这个地方似乎更合适:这就是'白痴'一词。……是将自己的家安居在一个与任何实在都不沾边的世界,安居在一个纯粹的'内心'世界、……'神的国就在你们心里'";"天国(Himmelreich)属于'孩子们';……是一种退回到精神性之中的幼稚状态(Kindlichkeit)"。参见尼采,《敌基督者》,前揭,页180、185。

② 尼采,《敌基督者》,前揭,条32,页186。

③ "人越是觉得自己的内心世界是丰富的,自己的主体是复调的,自然的和谐对人的影响就越是巨大。"尼采,《人性的,太人性的:一本献给自由精神的书(上卷)》,魏育青、李晶浩、高天忻译,上海:华东师范大学出版社,2008,页114。

④ 在《道德系谱学》当中,尼采就曾指出:

　　"好与坏"、"善与恶"这两个对立的价值观千余年来已经在地球上进行了非常可怕的斗争;尽管第二种价值长期以来占据上风,但这场斗争在很多方面仍未分出胜负,仍在继续斗争。……这场斗争的象征贯穿了全部人类历史,至今仍然清晰可辨,那就是"罗马反对犹太,犹太反对罗马"——迄今为止,还没有出现过比这场斗争、这个问题、这种不共戴天的敌对矛盾更大的事件。

　　Friedrich Nietzsche, *On the Genealogy of Morals& Ecce Homo*, p. 52. 此文参考中译本尼采,《道德的谱系》,梁锡江译,上海:华东师范大学出版社,2015,页98。

⑤ 尼采,《敌基督者》,前揭,页186。

他仅仅把"内心"的实在当成实在，当成"真理"——他把其余的东西，把一切自然、时间、空间、历史之物都仅仅理解为象征，理解为隐喻的契机。①

因此耶稣对于任何确定性的东西漠不关心，这样的心理状态引导出尼采所设想的"洁净本能"（Reinlichkeits Instinkt），②并成为人积极解放自由的一种建设性力量。尼采从耶稣身上展示出的这样一种"内在复调的主体"，就具备了这样的导引能力。

通过重述基督宗教真正历史的契机，尼采传达出耶稣具有这种"内在他者性"（Die Andersheit im Selbst）。③ 尼采借由耶稣的教宗地位，呼吁人类克服自己的道德性以及自由意志的幻象与愧疚的负罪感，并且勇敢地使自己迎向"非道德化"（moralinfrei）。④ 这超脱了康德的道德目的论，以及黑格尔"人性"与"神性"的辩证统一的主体观。这种主体观不分享从前那些建构了经典的现代理性主体的自我占有、批判性反思和清教徒式的规训，它激励了人类勇于尝试突破的盼望。另外，这种主体观与康德的"单一普遍

---

① 尼采，《敌基督者》，前揭，条32，页190。

② 尼采曾经说过："我有一种完全不可名状的洁净本能的敏感，以至于我能在生理学上感知到——嗅到——每个心灵的切近之处，或者——我该怎么来说呢？——每个心灵最内在的东西，每个心灵的'内脏'。"尼采认为自己正是靠着这种敏感的天性才得以伸出心理学探寻的触角，而触摸和掌握了任何的秘密。Friedrich Nietzsche, *On the Genealogy of Morals& Ecce Homo*, p. 233. 此文参考中译本《瞧，这个人》，收于《尼采著作全集（第6卷）》，孙周兴、李超杰、余明锋译，北京：商务印书馆，2015，页343。

③ "此词出于刘沧龙的自铸之词，并非尼采所有。"参见刘沧龙，《气的跨文化思考：王船山气学与尼采哲学的对话》，台北市：五南，2016，页66。

④ "一幅痛苦、可怕的景象浮现在我面前：我揭开了人之败坏的幕帘。在我的口中，败坏这个词至少排除了这样一种疑惑：它包含了某种对人的道德谴责。败坏的意思——我想再次强调一遍——是非道德化的（moralinfrei）：这种非道德化到了这种程度，以至于在迄今为止人们最有意识地追求'德性'和'神性'的地方，我却恰恰强烈地感受到了那种败坏。人们或许已经猜到，我在颓废（décadence）的意义上来理解败坏：我的看法是，人类现在用来概括最高愿望的一切价值都是颓废的价值。"（《敌基督者》，条6）尼采，《敌基督者》，前揭，页129。

主体"①针锋相对。尼采认为"内在复调的主体"存在一种潜质,能够增进与自然之间的相互和谐。因此这种丰富内心的"内在复调的主体",使人不再拘泥于道德秩序中的律法和教条的形式定义,对于自然"好"、"坏"②的命运冲击可以概括承受。

耶稣是一位象征主义者,他对外在之物展现出漠不关心,只关注内心的状态,因此他所付诸的实践行动仅是出于本能的驱使。然而,传统的基督宗教都对耶稣产生了严重的误解,使得耶稣原本纯粹如孩子一般的东西遭到抛弃。所以,尼采说,"基督教的历史……就是一个越来越拙劣地对一个原始象征主义进行误解的历史",③那些根据某种模式来理解耶稣的做法,即是一种以"信仰"方式理解耶稣的诠释。对尼采而言,"信仰"不过是更为细腻的理性操作,是一种基督宗教式的狡计,④基督宗教是"信仰"理性的综合产物,"信仰"否定了本来耶稣具有实践和行动力的生命。⑤ 因此要重现基督宗教的真正历史,即是要重现耶稣出于本能的实践行动,重现服务于生命实践和行动力的历史,才能得到真正的基督宗教历史叙事。

由康德领衔的启蒙"现代性"诠释,揭示了人运用理性而建立起来的历史情境当中的"单一普遍主体"。在尼采看来,康德不过是教士类型的一种进化,运用理性引导出道德秩序"善"、"恶"观的怨恨本能。尼采透过"内在复调的主体"分解耶稣在传统历史现象中的形式定义,

---

① 康德指出:"在人(作为地球上唯一有理性的受造物)身上,为其理性之运用而设的自然禀赋只会在种属之中,而非在个体之中得到完全的发展。"因此,我们想要了解这些自然禀赋在人类史中的发展,就必须将人类当作一个整体,来探讨其种种活动,这种探讨便是所谓的"普遍历史"(allgemeine Geschichte),康德把启蒙"现代性"的概念理解为一种历史哲学的概念,就理性开始意识到自己并开始在塑造人类关系中发挥影响的同时,人类就有能力成为自己历史的主体,并将人类历史统合设想为一种整体,后来我们则会更为精简地用"单一普遍主体"的哲学术语,来作为康德这一设想的学术表达。康德,《在世界公民底观点下的普遍历史之理念》,收于《康德历史哲学论文集》,李明辉译注,台北市:联经,2013,页7。

② "什么是好? ——一切提升人之中的权力感、权力意志、权力自身的东西。什么是坏? ——一切源于软弱的东西。"尼采,《敌基督者》,前揭,条2,页125。

③ 尼采,《敌基督者》,前揭,条37,页194。

④ 尼采,《敌基督者》,前揭,条39,页200。

⑤ 曾庆豹,《盲者的视域》,新北市:台湾基督教文艺出版社,2017,页294-308。

让耶稣卸除其人格之中对于道德德性的依赖与需要,并使其释放出非理性之力的本能。这是近似于白痴或孩童天性一般的"洁净本能",让他无拘无束地自由嬉戏,纵情忘怀地奔放自在,对于自然命运的"好"、"坏"冲击全盘接受。由此尼采借着耶稣突破康德"单一普遍主体"的历史作用,跳出教士道德秩序的颓废路线,使人重新归回到一种合乎自然的"自由精神",归回到自然秩序的"好"、"坏"价值。这种主体概念揭示了人与文化的自我超越之可能,所以它是有利于差异的跨越,①能替未来关涉生命治理的政治开启更多的想象空间。

结　　语

我们大致可以从几个面向来把握《敌基督者》文本所要执行的任务:在部署上,它是对抗德意志观念论的道德浮滥。在目标上,则是对基督宗教的历史进行价值的重估——尼采通过对耶稣人格的再形塑,还原基督宗教的真正历史,而截断"颓废运动"运作形式的总体病根。在面对现代性主体分裂的危机上,尼采主张以"内在复调的主体"打破康德"单一普遍主体"的历史认识,而促进人与自然之间的和谐共生。

《敌基督者》作为一种策略性部署,在哲学思维上,颠覆了德意志观念论所形塑的历史沉思模式,让历史学回归于服务生活上的内涵。在文明上,它推翻了两千多年以来,植根于欧洲的基督教文化。作为铺陈未来各项重估事业展延上的前奏,《敌基督者》本可以说当之无愧,因为它已经将最为核心的几项价值先行进行了重估,再接下去推动后续的其他重估工作时,就显得相对笃定。

---

① 　刘沧龙,《气的跨文化思考:王船山气学与尼采哲学的对话》,前揭,页67。

尼采论爱情作为悲剧激情

——《瞧,这个人》与莎乐美

叶　然[*]

（中山大学中国语言文学系［珠海］）

摘　要： 尼采和莎乐美的情史与《查拉图斯特拉如是说》的酝酿期完全重合。通过分析尼采在《瞧,这个人》中对这个奇异现象的隐约解释,有助于审视尼采如何把爱情视为悲剧激情。尼采本人不愿意投身与莎乐美的“永恒战争”,并非如他所说,因为他是某种程度上的弱者,而是因为他的本能要求他做苏格拉底式强者,尽管他的哲学要求他投身“永恒战争”。他把自己的哲学视为本能的哲学,可他也许忽略了自己的本能。他的哲学式爱情是尼采式男人与苏格拉底式女人之间的“永恒战争”,可他的本能式爱情是苏格拉底式男人与尼采式女人之间的“永恒辩证”。

关键词： 尼采　莎乐美　爱情　悲剧激情

1882 年春,38 岁的尼采在好友雷伊(Paul Rée)的引介下初见 21 岁的莎乐美(Lou von Salomé)。据雷伊记述,莎乐美是“一个活泼的、不可思议地聪明的人,具有少女甚至儿童式的性格”,尼采一定要“好好认识她”。在短短一两个月的时间里,尼采和雷伊同时深深爱上了他们共同的 Lolita 莎乐美,尼采更是两次向莎乐美求婚。莎乐美没有答应,理由是自己刚刚分手,感觉不会再爱了。尽管如此,三人保持了高贵的自制,仍然在一起维持“三位一体”读书会——这是尼采的提议。期间,尼采作曲,莎乐美填词,创作了《生命颂》。不过,也许正是通过这首歌曲,尼采对莎乐美的爱渐渐突破了高贵的自制:“三位一体”的危险平衡被打破,尼采进而在莎乐美面前贬低雷伊,外加尼采的母亲和

---

* 　叶然(1986－　),男,湖北仙桃人,中山大学中国语言文学系(珠海)特聘副研究员,中山大学哲学博士,主要从事古希腊诗学和德国美学研究。

妹妹与莎乐美交恶,这一切令莎乐美选择与雷伊一道离开尼采。① 同
年(1882 年)圣诞节,尼采在给好友奥弗尔贝克(Franz Overbeck)的信
中称,"这是我经历过的最让人难以吞咽的生命苦果"。② 然而,尼采众
所周知的名言是,对于"一个发育良好的人","凡是不能置他于死地
的,都能使他变得更强壮"。③ 翌年(1883 年)1 月,尼采开始写作已经
酝酿了 18 个月④的《查拉图斯特拉如是说》,至 1885 年 2 月,完成全书
四卷,至此登上自己生命的 summa summarum[顶峰上的顶峰]。⑤

　　尼采的读书会式爱情如此简单,乃至有些乏味,却与《查拉图斯特
拉如是说》的 18 个月"怀胎"重合。1888 年,尼采在自传《瞧,这个人》
中评述《查拉图斯特拉如是说》时,暗示了这种重合:他特意提到莎乐
美为《生命颂》填词,⑥这也是尼采所有作品中唯一提及莎乐美名字的
地方。时隔六年,尼采提及莎乐美时仍旧充满爱意,尽管多了几分平
和。总之,从爱情的视角来阅读《瞧,这个人》,阅读尼采的生命(颂
歌—苦果—顶峰),或许有助于更鲜活地理解《查拉图斯特拉如是说》

---

① 关于尼采的这段经历,参施特格迈尔,《尼采引论》,田立年译,北京:华夏出版
　　社,2016,页 34−35;哈列维,《尼采传》,谈蓓芳译,南昌:百花洲文艺出版社,
　　1994,页 191−202。

② 转引自坦纳,《牛津通识读本:尼采》,于洋译,南京:译林出版社,2013,第七章
　　开头。

③ 尼采,《瞧,这个人》(下面简称为《瞧》),"我为什么如此智慧",2(267)。此处
　　阿拉伯数字为节号和通行 KSA 页码,后者放在圆括号里,下同。本文凡引用
　　《瞧,这个人》中译文,均采自尼采,《尼采著作全集第六卷》,孙周兴等译,北
　　京:商务印书馆,2015(此中译本边码即 KSA 页码)。笔者有时会依据 KSA 德
　　文版对中译文做出少量改动,也有时用方括号增补有关语词。

④ 《瞧》,"查拉图斯特拉如是说",1(336)。

⑤ 这个拉丁文表述见《瞧》,"我为什么如此智慧",2(266)。关于《查拉图斯特拉
　　如是说》的成书过程,参施特格迈尔,《尼采引论》,前揭,页 35−39。

⑥ 《瞧》,"查拉图斯特拉如是说",1(336)。其实,在《瞧,这个人》成书的前
　　一年(1887 年),莎乐美就嫁给了仅仅小尼采两岁的古典语文学家安德烈
　　亚斯(Friedrich Carl Andreas),从那时起,她的名字就已经不再是《瞧,这个
　　人》中提到的闺名露·冯·莎乐美(Lou von Salomé),而是露·安德烈亚斯-
　　莎乐美(Lou Andreas-Salomé)。尼采精神崩溃后,已婚的莎乐美还与后尼采
　　式思想家如里尔克和弗洛伊德传出过罗曼史。莎乐美后来成了弗洛伊德的
　　杰出弟子,也是著名的心理分析学家。参施特格迈尔,《尼采引论》,前揭,
　　页 35。

的"基本观念",即尼采"真正深邃的思想"。①

一、尼采的世界历史使命

尼采珍视爱情,却不是为爱情而生,而是为世界历史而生。在这后一点上,尼采与同时代的大哲如马克思并无不同。在《瞧,这个人》中,尼采要肩负世界历史的使命,溢于言表。②

《瞧,这个人》的主体是评述尼采各个时期的作品,最后评述的是《瓦格纳的堕落》。③ 这绝非仅仅因为《瓦格纳的堕落》是《瞧,这个人》之前成书最晚的尼采作品,更重要的是,瓦格纳的堕落代表着德意志人的堕落,④而尼采所有作品都关切这个现实。⑤ 在评述《瓦格纳的堕落》时,尼采揭示出,德意志人的堕落意味着世界历史的堕落。⑥

请看尼采版本的世界历史:在堕落之前,世界历史的顶峰是希腊悲剧时代(公元前6-5世纪),⑦其后继是罗马帝国时代(公元前1世纪至公元5世纪)。罗马帝国灭亡后,德意志人堕落为历史的"道德世界秩

---

① "基本观念"之说,见《瞧》,"查拉图斯特拉如是说",1(335)。"真正深邃的思想"之说,见《瞧》,"我为什么如此智慧",3(268)。

② "世界历史"一词在《瞧,这个人》中出现了8次:"我为什么能写出如此好书"一章出现1次,在2(302);"悲剧的诞生"一章出现3次,均在4(314);"不合时宜的观察"一章出现1次,在3(319);"人性的,太人性的"一章出现2次,在6(327)和6(328);"瓦格纳的堕落"(关于此译名见本文稍后的注释)一章出现1次,在4(363)。

③ Der Fall Wagner 这个书名一般译为"瓦格纳事件",但"事件"一词亦指"堕落",颇合尼采文意,故徐梵澄译作"瓦格勒之衰落",见徐梵澄,《徐梵澄文集第六卷》,上海:上海三联书店/华东师范大学出版社,2006,页428。

④ 《瞧》,"我为什么如此聪明",5(289),"人性的,太人性的",2(323)。正如瓦格纳不是一开始就堕落,德意志人也不是一开始就堕落。关于绝了种的未堕落的德意志人,见《瞧》,"我为什么如此聪明",7(291)。

⑤ 《瞧,这个人》全书批评德意志人的地方不胜枚举,尤其见于"我为什么如此聪明"、"我为什么能写出如此好书"、"瓦格纳的堕落"三章。

⑥ 《瞧》,"瓦格纳的堕落",2(358-60)。本文下一段所述的尼采版本的世界历史,主要依托此处文本,不再逐句下注(除了其中的独立引文)。但若在叙述的中途征引他处文本,则另外下注。

⑦ 因为尼采期盼一个经他改造后的希腊悲剧时代在未来世界历史上再生。见《瞧》,"悲剧的诞生",4(313)。

序",由此展开的全部世界历史,即整个基督教时代(尼采把现代视为基督教中世纪的推进),皆是"对生命的犯罪","除了五六个历史时刻——我是第七个"。① 这样的历史时刻无疑包括文艺复兴,可是,文艺复兴之后四个世纪(15-19世纪)里,德意志人继续制造了"所有重大的文化罪恶":宗教改革家路德重建了基督教,启蒙哲学家莱布尼茨和康德成了"欧洲理智正直感的两个最大障碍"。不过,就在莱布尼茨和康德之后,又一个那样的历史时刻降临了:

> 在横跨两个颓废世纪[18、19世纪]的桥梁上出现了一种天才和意志的force majeure[伟大力量],这种力量为了建立全球政府(der Erdregierung),足以把欧洲搞成一个统一体,一个政治和经济的统一体,而这时,德意志人却用他们的"自由战争"使欧洲丧失了意义,失掉了拿破仑生存(der Existenz)中的意义奇迹,——所以,德意志人……要对欧洲的小国割据(der Kleinstaaterei)、渺小的政治之永恒化负责。②

显然,这里所说的横跨两个颓废世纪的历史时刻,就是拿破仑帝国(1804-1814年),但德意志人旋即以"自由战争"摧毁了拿破仑未竟的事业,其结果是德意志帝国于1871年建立。正是在这一年,尼采开始了他的精神生命——出版了他第一本书《悲剧的诞生》。走向成熟的尼采目睹了德意志帝国的建立,并判定其为"渺小的政治"。③
为了进一步刻画"渺小的政治",尼采继续这样描述德意志人:

> 我据以"观察"④一个人的首要一点,是看他身上是否有距离感,是看他是否处处都看到人与人之间的档次、等级和秩序,是看他是否出类拔萃(distinguirt):这样他才是gentilhomme[贤人];在其他情形下,他都无可救药地属于慷慨的——啊,多么善意的——

---

① 《瞧》,"我为什么是命运",7(371)。
② 《瞧》,"瓦格纳的堕落",2(360)。
③ 对德意志帝国的直接批评,见《瞧》,"不合时宜的观察",1(317)。
④ 即尼采第二本书《不合时宜的观察》(习译为《不合时宜的沉思》)书名中的"观察"。

群氓(der canaille)概念。德意志人都是群氓——啊,他们多么善意!……与德意志人打交道会自降身份:德意志人把**一切拉平**……①

可见,"渺小的政治"除了缺乏全欧乃至全球的眼光,还缺乏"距离感"和"出类拔萃",即高贵品质,而是崇尚"把一切拉平"。

在评述完了《瓦格纳的堕落》之后,也就是评述完了全部尼采作品之后,尼采进入全书收尾的部分。此刻他正式提出著名的"伟大的政治"的概念:

政治这个概念完全在一场精神战争中消散了,往昔社会的所有权力产物都已经被炸得粉碎——它们统统都是基于谎言:将会出现战争,世上从未有过的战争。唯独从我开始世上才会有**伟大的政治**。②

这就是说,除了那五六个历史时刻,堕落后的世界历史作为"渺小的政治"无非一场"渺小的战争"(它摧毁了政治本身),只有尼采自己作为第七个历史时刻,才能通过一场"伟大的战争"③登上世界历史的summa summarum[顶峰上的顶峰]——"伟大的政治"。

综合上面三段引文,我们明白了"伟大的政治"有两个要点:首先,全球政府;其次,高贵者统治。相应地,"渺小的政治"也有两个要点:首先,小国割据;其次,把一切拉平。因此,可以说,尼采的世界历史使命就是"伟大的政治"。

尽管尼采没有亲手完成这个使命,但他从第一本书开始就在为这个使命做准备。他在评述《悲剧的诞生》时说:

让我们放眼看看一个世纪以后,让我们来假定,我对两千年来反自然和败坏人类之现象的攻击将大功告成。那个全新的生命党,负责那最伟大的使命,即培育更高的人类,包括无情地消灭一

---

① 《瞧》,"瓦格纳的堕落",4(362)。
② 《瞧》,"我为什么是命运",1(366)。
③ "伟大的战争"这个提法见《瞧》,"善恶的彼岸",1(350)。

切蜕化者和寄生虫。①

事实上,不用等到一个世纪之后,仅仅半个世纪不到,自居为"全新的生命党"的德意志纳粹党就进入了世界历史,而且确实引发了"世上从未有过的战争"——第二次世界大战。这令我们想起,尼采在后文反讽地自称为"迄今出现过的最可怕的人",②此处"反讽"在于,只有在"渺小的政治"面前,他才是"迄今出现过的最可怕的人"。可是现在,人们认为这种"反讽"走向了其反面:在"伟大的政治"面前,尼采也成了"迄今出现过的最可怕的人",或者说,恰恰在"伟大的政治"面前,尼采才是"迄今出现过的最可怕的人"。

为了世界历史的未来,我们不得不严肃追问,尼采到底有没有资格在正面意义上使用这种"反讽"?按照尼采的预言,要实现"伟大的政治",关键在于培育未来统治全球的高贵者。尼采在后文说过,这些高贵者是现代政治人的对立类型。③ 人们自然而然会猜想:现代政治人的对立类型是不是古代政治人?然而,尼采没有称这些高贵者为古代政治人。因为他知道,古代政治人虽然是高贵者,却并非全球统治者。罗马帝国没有征服日耳曼人(德意志人),恐怕绝非仅仅因为时间不够;罗马帝国没有征服秦汉帝国,恐怕绝非仅仅因为空间阻隔。由此,尼采的高贵者概念与古代的高贵者概念之间,必然存在着决定性的却鲜为人知的差异——全球统治与否只是这个差异的表征而已。

让我们整理一下思路:"渺小的政治"等于德意志人的堕落,"伟大的政治"等于尼采本人(第七个历史时刻)的高贵。德意志人的堕落等于世界历史的堕落(整个基督教时代,包括现代)。与此同时,尼采本人的高贵不完全等于古代政治人的高贵,因为尼采本人的高贵要求建立全球政府,这一点为古代政治人的高贵所拒斥,而尼采认为这恰恰是他本人的高贵超越古代政治人的高贵的地方。因此,尼采本人的高贵是一种未来政治人的高贵。那么,人们会怀疑,尼采之所以认为应该超越古代政治人的高贵,是否因为古代政治人的高贵有堕落之虞?尼采的答案是,古代政治人的高贵不仅有堕落之虞,而且正是这

① 《瞧》,"悲剧的诞生",4(313)。
② 《瞧》,"我为什么是命运",2(366)。
③ 《瞧》,"善恶的彼岸",2(350)。

种堕落导致了德意志人的堕落。尼采把古代政治人的高贵之堕落，称为"苏格拉底的堕落"。① 当然，苏格拉底仍然并非直接等于德意志人：苏格拉底是"永恒的偶像"，而德意志人是"最年轻因而最衰老最虚弱的偶像"。② "永恒的偶像"就是只在永恒的谎言（某种超历史领域，如柏拉图式"理想"之国）中搞"渺小的政治"，而"最年轻因而最衰老最虚弱的偶像"就是把"渺小的政治"引入世界历史。尼采本人的高贵就是"偶像的黄昏"③——推翻古今一切偶像，把世界历史引向"伟大的政治"。

二、莎乐美对尼采意味着什么

《瞧，这个人》在开始评述尼采作品之前，刚刚集中讨论了女人问题，而提出"伟大的政治"正是在刚刚评述完尼采作品之后。因此，女人问题和"伟大的政治"框住了对尼采作品的评述。我们可以思考，有没有可能从女人问题来理解"伟大的政治"？

尼采这样讨论女人问题：

> 也许我就是永恒女人的第一位灵魂学家（Psycholog）。④ 她们全都爱我——这是一个老故事了：除了那些不幸的女人，那些不能生育的"被解放者"。——所幸我不愿意被撕碎：完美的女人一旦恋爱，就会把你撕碎……我知道这些可爱的［狄奥尼索斯］女祭司（Mänaden）⑤……啊！那是何等危险的、潜行的、隐秘的小小掠食类动物（Raubthier）！而与她们在一起，又是多么惬意啊！…… 一个力争复仇的小女人或许会把命运本身撞倒。——女人要比男人邪恶（böser）无数倍，也比男人聪明无数倍；女人身上的优异（Güte）已然是一种蜕化形式了……尽管有

---

① der Fall des Sokrates，与"瓦格纳的堕落"结构相似，故一般亦译为"苏格拉底事件"。见《瞧》，"我为什么如此智慧"，1（265）；亦参"悲剧的诞生"，1（310）。
② 《瞧》，"偶像的黄昏"，2（354）。
③ 《瞧》，"偶像的黄昏"，1（354）；亦参"序言"，2（258）。
④ 在现代语境里一般译为"心理学家"，但其古代含义是"灵魂学家"。
⑤ 在希腊神话中，狄奥尼索斯的女祭司因爱狄奥尼索斯而把他撕碎。

种种所谓的"美丽灵魂",但根本上还是存在着一种自然的（physiologischen）①弊端，——我没有说全部，要不然我会变成医学犬儒主义者了。围绕平等权的斗争甚至就是一种疾病的征兆：每个医生都知道这一点。——的确，女人越是有女人味，就越是竭尽全力抵制一般权利：自然状态，两性间的永恒**战争**，确实绝对给予女人以头等地位。——人们听到我给爱情下的定义了吗？这是值得一位哲学家来下的唯一定义。爱情——其手段是战争，其基础是两性间的殊死仇恨。——人们听见我关于如何**治愈**——"拯救"——女人这个问题的答案了吗？让她生个小孩。女人必须有小孩，而男人始终只是手段：查拉图斯特拉如是说。——"女人的解放"——此乃**失败**女人，也即不孕女人对健康女人的本能仇恨，——对"男人"的斗争始终只不过是手段、借口、策略。她们想通过抬高**自己**，成为"自在女人"（Weib an sich），成为"高等女人"，成为女人中的"理想主义者"，②由此来降低女人的一般等级水平；为此，没有比人文中学教育（Gymnasial-Bildung）、裤衩、政治上的投票畜群权利（Stimmvieh-Rechte）更可靠的手段了。根本上，被解放者是"永恒女人"世界里的**无政府主义者**，是败类，她们最下作的本能就是复仇……极端邪恶的"理想主义"的整个种类——此外，这种"理想主义"也出现在男人身上，例如易卜生这个典型的老处女那里——怀有**毒害**性爱之自然本性的好良知，以之为目标……③

人们常常把这段话看作尼采仇视女人的重要罪证。事实上，这种看法源于对尼采反讽修辞的忽视。诚然，尼采明确地说，女人比男人邪恶无数倍，但尼采在后文同样明确地说，查拉图斯特拉（尼采的代言人）"这个类型的人，一个相对而言具有超人性质的类型，恰恰是在与善人相比时才具有超人性质，而善人和义人会把他的超人称为恶魔（Teufel）"。④ 尼采在《论道德谱系学》中说得更清楚：同样是德语 gut

---

① 在现代语境里一般译为"生理学的"，但其古代含义是"自然学的"，在这里指"自然的"。参阅小枫，《尼采的晚期著作与欧洲文明危机》，收于《比较古典学发凡》，上海：复旦大学出版社，2015，页 197。
② "理想"等于"偶像"，也就是尼采要推翻的对象。见《瞧》，"序言"，2(258)。
③ 《瞧》，"我为什么能写出如此好书"，5(306–307)。
④ 《瞧》，"我为什么是命运"，5(370)；亦参 8(374)。

［好］这个词，其与"低劣"相对时指"优异"，其与"邪恶"相对时指"善良"；在强者（高贵者）的视角（Perspektive）下，只有"优异"和"低劣"，在弱者的视角下，只有"善良"和"邪恶"；事实上，"优异"等于"邪恶"，"低劣"等于"善良"。① 因此，尼采在此说女人"邪恶"，正是在说女人优异。当然，尼采补充了一句：女人的优异已然是一种蜕化形式。这是因为女人把自己的优异用于复仇，而真正的优异者好战（kriegerisch）却不复仇：好战出于主动，复仇出于被动。尼采在前文说自己好战时说过，"女人有强烈的复仇欲：这是由女人的虚弱决定的，正如女人对于外来困苦十分敏感"。② 当然，尼采并未一直笼统地谈论女人，而是区分了两类女人：完美女人和"被解放者"。完美女人的虚弱仅仅是相对于完美男人而言才虚弱——这种虚弱是一种"自然的弊端"。可是，相对于没有女人味的"被解放者"（她们围绕平等权展开斗争，也就是把一切拉平），或者说，相对于全无优异而只热衷复仇的女人，完美女人一点儿都不虚弱，反而十分强壮。因此，真正虚弱的只有"被解放者"——这种虚弱同样是一种"自然的弊端"。

可见，尼采关于女人的讨论，得出了一种自然秩序：完美男人和完美女人都十分"邪恶"，从而都是强者（高贵者），只不过完美女人相对而言稍弱；女人中的"被解放者"以及让她们同化的男性"被解放者"是真正的弱者。这样一样，就容易理解尼采的爱情定义了：两性间的永恒战争绝非意味着爱情上的悲观主义，③而是意味着高贵男人和高贵女人之间的永恒游戏。④ 高贵男人依恋高贵女人在这种永恒游戏中散发出的女人味，故而感叹"与她们在一起，又是多么惬意啊"。在尼采看来，高贵男人渴望与高贵女人结婚生子，释放高贵女人的生命力，从而治愈高贵女人的复仇欲。结婚生子就是对这种自然秩序的维系。

现在人们可以轻易猜到：在这个自然秩序中，男男女女的"被解放者"代表着世界历史上"最年轻因而最衰老最虚弱的偶像"，即德意志

---

① 尼采，《论道德谱系学》，第一章，11（274）。

② 《瞧》，"我为什么如此智慧"，7（274）。

③ 尼采反对一切悲观主义，尽管这并不意味着他赞成乐观主义。见《瞧》，"我为什么如此智慧"，2（267）；"悲剧的诞生"，1（309），2（311）；"我为什么是命运"，4（368）。

④ 关于游戏的作用，参《瞧》，"我为什么如此聪明"，10（297）。

人;高贵女人(永恒女人)代表着世界历史上"永恒的偶像",即苏格拉底;高贵男人则代表着尼采自己。原来,尼采式爱情就是尼采式男人与苏格拉底式女人之间的永恒战争(永恒游戏)。苏格拉底身上有女人味?不论如何,莎乐美身上肯定有女人味。尼采礼赞"当年与我相好的一位俄罗斯少女露·冯·莎乐美小姐"具有"惊人的灵感",以至于能够理解尼采的音乐。① 尼采还在上面那一长段引文前面不远处说,"一个迷人的俄罗斯女子一刻都不会弄错我的归属"。② 这一明一暗的描述难道不是在说,莎乐美是高贵男人尼采的知己?

因此,莎乐美对尼采意味着高贵女人,而高贵女人的原型竟然是苏格拉底。此刻,极其令人困惑的是,虽然尼采曾经渴望与莎乐美结婚生子,而且现在也未必完全不渴望如此,但他何以仍然在此表示,"所幸我不愿意被撕碎:完美的女人一旦恋爱,就会把你撕碎"?他把男女之间的永恒战争描绘得如此充满情趣,何以自己最终不愿意加入?因为现实中的莎乐美不如苏格拉底高贵?或因为现实中的莎乐美足够高贵,只不过与尼采性格不合?这些理由均不值得在此深究。因为这里的爱情定义是"值得一位哲学家来下的唯一定义",故哲学家尼采的抉择必然出于一种哲学理由。不管出于什么现实理由与莎乐美分手,尼采都可以继续寻找其他高贵女人,而何至于断然拒绝被任何高贵女人撕碎?

三、永恒战争作为永恒复返

正如我们在引言中所提示,尼采的爱情或尼采式爱情作为永恒战争,关系到尼采"真正深邃的思想"——永恒复返。他甚至还故意感情用事地说,他的母亲和妹妹,这两个"群氓",作为他爱情的毁灭者,"最深入地反对"永恒复返。③ 奇怪的是,尽管永恒复返是《查拉图斯特拉如是说》的"基本观念",但尼采却在评述第一本书《悲剧的

---

① 《瞧》,"查拉图斯特拉如是说",1(336)。
② 《瞧》,"我为什么能写出如此好书",2(301)。两次提到俄罗斯当非偶然,因为他一方面说俄罗斯人是与德意志人这样的虚弱种族不同的强壮种族,另一方面批评"俄罗斯宿命论"是"毫无反抗的宿命论"。见《瞧》,"我为什么如此智慧",6(272-273);"瓦格纳的堕落",3(360)。
③ 《瞧》,"我为什么如此智慧",3(268)。

诞生》时便对其加以阐述,在评述《查拉图斯特拉如是说》时反倒仅仅浮光掠影地论及永恒复返①——当然,这并不意味着这时没有在实质上讨论永恒复返。显然,尼采这个级别的作家并非因心急才这样谋篇,这样谋篇是因为永恒复返的思想正是尼采所谓的"悲剧激情",而这恰恰是《悲剧的诞生》的主题。② 我们似乎预感到,尼采的爱情,或尼采式的爱情,必然蒙上一层悲剧式宿命阴影,而尼采竟然陶醉其中。这种心态的一种蜕化形式就是当今我们很熟悉的悲观主义爱情心态:纵容情伤逆流成河,此即所谓"纵情"。毫无疑问,后者是一种现代的、太现代的心态,即尼采所鄙视的心态——因为如前所述,尼采崇尚悲剧而非悲观——那么,这种心态何以会出人意料地从尼采的悲剧激情那里蜕化而来?

在评述《悲剧的诞生》时,尼采这样讨论永恒复返:

> 我首先看到了真正的对立:——[一方是]以隐秘的复仇欲来反对生命的蜕化本能(——基督教、叔本华哲学、某种意义上甚至柏拉图哲学、全部理想主义,都是其典型形式),[另一方是]一个出于丰盈、充裕的最高肯定公式[即永恒复返],③一种毫无保留的肯定,对痛苦本身的肯定,对罪欠(Schuld)本身的肯定,对此在(des Daseins)本身当中一切可疑之物和疏异之物的肯定。……存在者(was ist)中没有什么要扣除,没有什么多余。……要理解这一点,就需要有勇气(Muth),而作为勇气的条件,就需要有一种充溢的力(Kraft)。……认识,即对现实的肯定,对于强者来说有其必然,恰如在虚弱感的影响下,弱者同样必然会怯懦而逃避现实——此即所谓"理想"……④

我们前面说过尼采呈现了一种自然秩序:最弱者是男男女女的"被解

---

① 《瞧》,"查拉图斯特拉如是说",1(335),6(345)。

② 《瞧》,"查拉图斯特拉如是说",1(336);参"悲剧的诞生",3(312－313),4(313)。

③ 尼采在评述《查拉图斯特拉如是说》时把永恒复返定义为最高肯定公式。见《瞧》,"查拉图斯特拉如是说",1(335)。

④ 《瞧》,"悲剧的诞生",3(311－312)。

放者"，代表着世界历史上"最年轻因而最衰老最虚弱的偶像"，即德意志人；较强者是高贵女人（永恒女人），代表着世界历史上"永恒的偶像"，即苏格拉底；最强者是高贵男人，代表着尼采自己。这个三阶级的秩序在这里被一种真正的强弱对立所取代：强者一方显然等于三阶级秩序中的最强者，弱者一方则包括一切复仇者，不仅包括基督教、叔本华哲学，而且包括柏拉图哲学、全部理想主义。如果我们还记得尼采版本的世界历史，就会知道基督教和叔本华哲学（现代哲学在尼采时代的最新形式）正是"最年轻因而最衰老最虚弱的偶像"，而柏拉图哲学（等于说苏格拉底哲学）和全部理想主义正是"永恒的偶像"。因此，在这个真正的强弱对立之中，弱者不仅包括原来三阶级秩序中的"被解放者"（最弱者），而且包括那个秩序中的高贵女人（较强者）。把高贵女人（较强者）也归入弱者，这个举动的要害在于，它全面突显了，高贵男人（最强者）与高贵女人（较强者）之间永恒的战争，在尼采眼中终究是强者和弱者之间永恒的战争。

　　那么，强者到底强在哪里？强在有勇气永恒地投身永恒的战争。永恒的战争中有"痛苦"，有"罪欠"，有"此在本身当中的一切可疑之物和疏异之物"，但这就是我们的"现实"。所以，有勇气永恒地投身其中，就是有勇气永恒地因痛苦（乃至毁灭）而快乐，就是对生命的最高肯定公式，也就是永恒复返。弱者就弱在逃避现实，逃避永恒的战争，转而投身于"理想"，哪怕这"理想"是"永恒的偶像"，而非"最年轻因而最衰老最虚弱的偶像"。这便是为什么尼采稍后把永恒复返称为"悲剧智慧"，并在评述《查拉图斯特拉如是说》时把对莎乐美的爱情（或与莎乐美的永恒战争）称为"悲剧激情"。①

　　现在我们可以重新思考：为什么尼采本人不愿意投身与莎乐美的永恒战争？如前所述，尼采思考莎乐美时，心中的原型是苏格拉底。可是，不管是莎乐美还是苏格拉底，似乎都比尼采更愿意投身永恒的战争：挣脱尼采的缰绳之后，莎乐美终生与她同时代的高贵男人们进行永恒的战争；按照色诺芬的记述，苏格拉底同样终生与脾气火暴的老婆进行永恒的战争。② 看起来，强者不是尼采而是莎乐美和苏

---

① 《瞧》，"悲剧的诞生"，3（312）；"查拉图斯特拉如是说"，1（336）。

② 色诺芬，《回忆苏格拉底》2.2.7－9；色诺芬，《会饮》2.10。柏拉图笔下的苏格拉底老婆在苏格拉底临终前没有表现出火暴脾气，反而可以说通情达理，但这未必说明她一贯如此。见柏拉图，《斐多》60a－b、116b。

格拉底。反倒是尼采自己在《瞧,这个人》开篇就承认,尽管他基本上是强者(即他所谓"健康者"),但他在某种程度上也是弱者(即他所谓"颓废者")。① 他还列举了他是弱者的表征,比如固守狭隘的朋友圈。② 众所周知,缺乏社交几乎是爱情成功率低的首要原因。这并不是微不足道的事,因为尼采认为自己之所以不同于以往的哲学家,就在于他认识到,"教人蔑视这些'微不足道的'事,就是蔑视生命本身的基本事件"。③

当然,以上这幅图景是在永恒复返的视角下描绘出来的,其中未必没有扭曲的可能性。既然尼采说自己哲学思考的法宝就是,在强者视角和弱者视角之间自由切换,④那么,我们在此值得尝试采用他所谓弱者的视角,即苏格拉底的视角。但为了看得更清楚,我们应该有所变化,那就是不采用尼采的苏格拉底的视角,而采用柏拉图(或色诺芬)的苏格拉底的视角,即真正的苏格拉底的视角。在真正的苏格拉底看来,高贵男人当然应该有勇气永恒地面对现实,比如面对高贵女人,但这并不意味着绝对地肯定痛苦,而只意味着有限地肯定痛苦,至于肯定不了的痛苦,就既不肯定,也不否定(如尼采所说,否定等于逃避),存而不论,一笑了之。因为世界历史常识告诉我们,哲学家不可能绝对地统治痛苦,哪怕未来的哲学家——比如一个彻底强壮的尼采——也不行。这就是为什么柏拉图在《理想国》中表明,哲学家得以有限地统治痛苦(比如痛苦的政局),也不过是出于机运,⑤而且这种巧合很可能在世界历史上从没发生过,如果除开中国上古五帝。在现实中,苏格拉底以身作则:对于脾气火暴的老婆,他永恒地尽人事(肯定)而听天命(存而不论)地与她交谈。这种交谈术就叫做辩证术,也就是尼采所谓弱者用来逃避现实的诡计。⑥ 如果说这是一种悲剧激情,那也是恍悟之后的俄狄浦斯式悲剧激情,而非恍悟之前的俄狄浦斯式悲剧激情——正是这后一种悲剧激情开启了尼

① 《瞧》,"我为什么如此智慧",1(264 - 266),2(266 - 267)。
② 《瞧》,"我为什么如此智慧",6(273);"我为什么如此聪明",2(283)。
③ 《瞧》,"我为什么如此聪明",10(296)。
④ 《瞧》,"我为什么如此智慧",1(266)。
⑤ 柏拉图,《理想国》473c - e。
⑥ 《瞧》,"我为什么如此智慧",1(265)。

采式悲剧激情。①

　　这样一来,在苏格拉底的视角下,永恒战争作为永恒复返应该为永恒辩证所取代。相应地,那个真正的强弱对立也应该修改为:高贵的男男女女是强者,一切复仇的男男女女是弱者。因为高贵女人就算心中残存着复仇欲,也有机会在永恒辩证中将其化解,从而变得像高贵男人一样强壮,何况完全有可能存在天性中本就不具有复仇欲的高贵女人。因此,苏格拉底承认有女性强者(尽管未必是他老婆),乃至有女哲人王,②而尼采只承认有女性较强者(他认为是他女朋友)。

　　由此观之,尼采本人不愿意投身与莎乐美的永恒战争,并非如他所说,因为他是弱者,而是因为他的本能要求他做苏格拉底式强者,尽管他的哲学要求他投身永恒的战争。他把自己的哲学视为本能的哲学,③可他也许忽略了自己的本能。我们记得,按前面的论证,他的哲学式爱情是尼采式男人(强者)与苏格拉底式女人(弱者)之间的永恒战争,而按现在的论证,他的本能式爱情是苏格拉底式男人(强者)与尼采式女人④(强者?弱者?存而不论)之间的永恒辩证。至于莎乐美,如果她真的愿意投身永恒的战争,⑤那么,恰恰说明她并非强者。但由于尼采对少女时代的莎乐美充满眷恋,我们祝愿他们来生能做一对强者夫妇。

---

① 尼采甚至认为哲人王俄狄浦斯的恍悟并无必要,因为俄狄浦斯用智慧"对自然进行犯罪"恰恰体现出最高肯定公式。见尼采,《悲剧的诞生》9(66)。但在索福克勒斯看来,恍悟表明俄狄浦斯拒斥最高肯定公式,所以索福克勒斯在《俄狄浦斯王》之后写了虔敬的《俄狄浦斯在科罗诺斯》。

② 柏拉图,《理想国》454d—456a。

③ 尼采认为苏格拉底的堕落在于用"理性"反对本能,而尼采要为本能拨乱反正。见《瞧》,"悲剧的诞生",1(310)。

④ 施特劳斯恰恰说尼采女性化——尼采"缺乏男人味地鄙视政治"。见施特劳斯,《自由教育与责任》,收入《施特劳斯读本:西方民主与文明危机》,刘小枫编,北京:华夏出版社,2018,页347。我们记得,尼采批评苏格拉底,也是认为他"缺乏男人味地鄙视政治"。

⑤ 她为尼采填的词的末两句,为《瞧,这个人》所引用:"你再也没有给我留下任何幸福吗?那好!你还有痛苦呢……"见《瞧》,"查拉图斯特拉如是说",1(336)。尼采认为这两句歌词深得永恒战争之精髓,与他本人心心相印。

论文

《赫尔墨斯文集》的"上升之路"

高 洋*

（西北大学科学史高等研究院）

摘 要： 20 世纪初以来,对《赫尔墨斯文集》的研究大多采用"横向阅读"模式对其进行分析,这种思路认为《文集》内部存在一元论——二元论的观点对立。尽管如此,该思路并未公正对待《文集》本身的教义,也难以真正帮助人们理解其影响。在福登与哈内赫拉夫之研究的启示下,《文集》或可通过"纵向阅读"模式而得到更好地理解,这种思路将《文集》中各篇文章看作处于一定阶序之下。以此为工作假设,本文试图论证《文集》中各篇文章的次序安排可以被理解为一种上升式的教导,前 12 篇论说循序渐进地展开对神圣心智之启示的阐释,并由第 13 篇论说达到对灵知本身的最终传授。这种阅读方式或可帮助我们更清晰地理解《文集》本身被编辑和阅读的可能方式。此外,在这种阅读模式下,传统研究中的一元论——二元论对立或可得到消解,《文集》将呈现出一种可理解的结构性特征。

关键词：《赫尔墨斯文集》 上升之路 赫尔墨斯主义 知识

一、阅读《赫尔墨斯文集》的两种模式

自 20 世纪初现代学者复兴对希腊语《赫尔墨斯文集》(*Corpus Hermeticum*,以下简称《文集》)的研究以来,一种影响深远的研究思路长期处于主导地位。这种思路将《文集》的内容或"学说"划分为两种对立"倾向",即"一元论的"或"乐观主义的"(monistic-optimistic)与"二元

---

* 高洋(1989-),男,山西人,理学博士,西北大学科学史高等研究院讲师,主要从事西方科学思想史研究。

论的"或"悲观主义的"(dualistic-pessimistic)①。在一元论学说中,世界充满美与秩序,它本质上是一个良序的"宇宙"(cosmos);无论是月下的元素世界还是恒星天界都充满和谐,而人则通过观照这种秩序而认识到神的存在。相反,在二元论学说中,世界被认为是恶的场所,充满混乱与无序;人的不朽灵魂与构成世界及其身体的物质处于完全对立的地位;神不再被视为反映于宇宙秩序之中,人无法通过这个世界而认识或达到神。②

一元论—二元论这一对立的提出,本来是为了响应克罗尔(Josef Kroll)对《文集》所作的过于哲学化的阐释。克罗尔于 1914 年的研究③认为,《文集》的思想来源于波西多尼乌斯(Posidonius)、中期斯多葛主义及斐洛,因而是一种希腊化哲学的产物。布瑟特(Wilhelm Bousset)对这一阐释进行了恰当的纠偏,认为"《文集》属于虔信的历史,而非哲学的历史";④因此,《文集》不能被看作包含着某种真正的哲学体系。费斯蒂基埃(A. -J. Festugière)有意识地提倡这一论点,他表示《文集》

---

① 例如,费斯蒂基埃写道:"《文集》……体现出两种不兼容的学说,它们蕴含了两种正相反对的态度。在第一种中……世界被神性渗透,因而是美的和善的。在另一种中,世界本质上是恶的,并非神的作品,或者至少不是最高神的作品。……最高神无限远离所有的物质……隐藏于其存在的奥秘中。……如此分化的观点……不可能导向相同模式的行为,而必然导致两种对立的道德。因此将它们同时归于同一个宗教派别是荒谬的。"见 A. -J. Festugière, *La Révélation d'Hermès Trismégiste*. Paris: Les Belles Lettres, 2014, p. 100. 另参 Martin p. Nilsson, *Geschichte der Griechischen Religion. Zweiter Band, Die hellenistische und römische Zeit.* München: Verlag C. H. Beck, 1988, p. 584.

② Festugière, *La Révélation d'Hermès Trismégiste*, pp. 464–465. 根据这两种倾向,学者时常将《文集》中的文章进行分组讨论。如布瑟特认为一元论组包括 II、V、VIII、XIV 等章,二元论组包括 I、IV、VI、VII、XIII 等章,而 IX、X、XII、XV 则混合有这两种倾向。布劳宁格尔(Friedrich Brauninger)将 XII 的前半部分归于二元论组,而后半部分则归于一元论组。费斯蒂基埃则将 II、V、VI、VIII、IX - XII、XIV、XVI 归于一元论组,I、IV、VII、XIII 归于二元论组。参见 Nilsson, *Geschichte der Griechischen Religion*, p. 584.

③ *Die Lehren des Hermes Trismegistus*,最初为 1914 年发表的博士学位论文,后经增订于 1928 年出版。

④ Brian p. Copenhaver, *Hermetica: the Greek Corpus Hermeticum and the Latin Asclepius in a new English translation, with notes and introduction.* Cambridge: Cambridge University Press, 1992, p. lii.

关于这些主题的论述既不新颖也不连贯，而只是折中主义的产物，因此克罗尔的工作尽管可圈可点，却仍旧是徒劳无功的。① 然而，费斯蒂基埃本人也未能真正摆脱这种哲学式的思维模式，他在指出《文集》的宗教性和两种思想倾向后，立刻将这两种倾向的思想源头直接追溯到柏拉图，并且再次从希腊哲学史的思想资源中重构了《文集》思想的来源。② 我们可以将这种主流的框架称为"横向阅读"（horizontal reading）模式，它的特征在于拆散文本的整体并挑选其中相关的思想要素进行横向的联系与比较。无论是克罗尔的"哲学式"读解，还是处于一元论—二元论框架下的"宗教式"读解，都是横向阅读模式的变种。

对于后世研究赫尔墨斯主义的学者来说，这一阅读模式导致了两个明显的问题。首先，究竟哪些篇章分别属于一元论组与二元论组，学者们并不能达成一致的意见。例如，VI 与 XII 两章分别被布瑟特和费斯蒂基埃归于相反的组别，然而实际上人们并未因这种分类而更好地澄清《文集》的思想。其次，这种模式几乎完全剥除了《文集》所可能具有的学说统一性，而使其整体上被视为一部矛盾重重甚至质量低劣的作品，从而使其历史意义遭到了质疑。耶茨（Frances Yates）在《乔尔达诺·布鲁诺与赫尔墨斯主义传统》一书中基本照搬了费斯蒂基埃的区分，而对这种区分可能具有的理论内涵采取了回避的态度。③ 然而，柯本哈维（Brian Copenhaver）却就此出发，否定了《文集》对于科学史所可能具有的任何积极正面的影响。④ 尽管如此，这种来自 20 世纪的批判眼光似乎很难解释《文集》在 16-17 世纪所收获的巨大成功。思想史在此处遭遇了一个盲点，即我们还并不十分清楚 16 世纪的读者如何阅读和理解《文集》，而且将一元论—二元论对立的思路安置于早期近代的心灵之上似乎并不能为理解这一历史时段提供帮助。因此，我们应当试图通过更为仔细的文献考察来理解《文集》本身的教义，以及人们在特定历史语境中对《文集》的理解。

---

① Festugière, *La Révélation d'Hermès Trismégiste*, p. 463.

② Festugière, *La Révélation d'Hermès Trismégiste*, p. 466ff.

③ Frances Yates, *Giordano Bruno and the Hermetic Tradition*. London：Routledge, 2002, p. 23ff.

④ Brian p. Copenhaver, "Natural Magic, Hermetism, and Occultism in Early Modern Science". in *Reappraisals of the Scientific Revolution*, David C. Lindberg and Robert S. Westman ed., Cambridge：Cambridge University Press, 1990, pp. 288-289.

自福登(Garth Fowden)的研究①以来,一种"纵向阅读"(vertical reading)模式逐渐为学者所提倡,"纵向阅读"模式认为希腊语《文集》中各篇目存在阶序上的(hierarchical)差别,其中篇章的安排有内在的顺序和等级,从而有次序的阅读是理解《文集》整体的关键。遵循这种思路,哈内赫拉夫(Wouter Hanegraaff)揭示了《文集》中论说 I、XIII 及拿戈玛第(Nag Hammadi)文集中《第八与第九的论说》之间的连续性,他指出,尽管以费斯蒂基埃为代表的宗教史-古典学家对《文集》的历史-语文学考察对于理解《文集》不可或缺,但其缺陷在于,这类学者从不僭越文本所给出的信息,从而容易陷入一种实证主义与描述主义的研究思路。而面对《文集》这种时常宣称文字与理性之不可靠的文献时,这种思路往往导致不必要的狭隘,以至于容易错过真正的问题,即我们所面对的文本究竟想以何种方式传达给读者何种信息。② 本文将试图采取"纵向阅读"模式的工作假设来探讨《文集》本身内容的结构和统一性。

二、对《文集》阶序结构的分析

1. 传统观点中的问题

希腊文《文集》③由 17 篇长短不一的"论说"(logos)构成,其中多

---

① Garth Fowden, *The Egyptian Hermes: A Historical Approach to the Late Pagan Mind*, Princeton: Princeton University Press, 1986.

② Wouter J. Hanegraaff, "Altered States of Knowledge: The Attainment of Gnōsis in the *Hermetica*", *The International Journal of the Platonic Tradition* 2:2 (2008), pp. 131-132;亦参 Wouter J. Hanegraaff, "How Hermetic was Renaissance Hermetism?" *Aries* 15 (2015), p. 187.

③ 现将各论说及其标题简介如下(有些论说并无标题,有些标题已佚。副标题可能为文本流传过程中后世编辑者所加):

I:"三重伟大的赫尔墨斯的论说:波伊曼德若"。
IIa:"赫尔墨斯致阿斯克莱皮乌斯:普遍教导"。已佚失。
II:标题已佚,内容为赫尔墨斯与塔特的对话。
III:"赫尔墨斯的论说:神圣教导"。为赫尔墨斯的独白。
IV:"赫尔墨斯致塔特:巨碗或单子"。为赫尔墨斯与塔特的对话。

(转下页注)

数以对话的形式出现,另外一些则类似于独白、演说或信函。其中出现
的主要人物包括神圣心灵(波伊曼德若,Poimandres 或 Mind)、至尊赫
尔墨斯(Hermes Trismegistus)、阿斯克莱皮乌斯(Asclepius)、塔特(Tat)
及一位不知名的国王。从《文集》的表面形式来看,这些论说可分为两
组:Ⅰ-ⅩⅣ 为核心文献,因为其内容或者是传授给赫尔墨斯的,或者由
赫尔墨斯直接传授;ⅩⅥ-ⅩⅧ 则处于边缘,它们并未采取赫尔墨斯本
人进行教导的写作形式,而可能是后世编者敬献君王时的附属物。此
外,就其内容来说,ⅩⅥ-ⅩⅧ 这三篇论说的质量也无法同前 14 篇相
提并论。因此,这里的讨论将限于《文集》的前 14 篇论说。①

————————

(接上页注)

　　Ⅴ:"赫尔墨斯致其子塔特",副标题:"不可见的神最为明显可见"。

　　Ⅵ:无标题,副标题:"善只存在于神之中,而不在其他任何地方"。为赫
尔墨斯向阿斯克莱皮乌斯的独白。

　　Ⅶ:无标题,副标题:"人类最大的恶为对神的无知"。赫尔墨斯的简短
演说。

　　Ⅷ:无标题,副标题:"存在者皆不会毁灭,将变化称作毁灭与死亡的人
是错误的"。从用词来看似为赫尔墨斯与塔特的对话。

　　Ⅸ:无标题,副标题:"论理解与感觉(善只存在于神之中,而不在其他任
何地方)"。赫尔墨斯与阿斯克莱皮乌斯的对话。

　　Ⅹ:"三重伟大的赫尔墨斯的论说:钥匙"。赫尔墨斯与塔特的对话,阿
斯克莱皮乌斯在场,但并未发言。

　　Ⅺ:"心灵致赫尔墨斯"。神圣心灵(波伊曼德若)对赫尔墨斯的教导。

　　Ⅻ:"三重伟大的赫尔墨斯的论说:论共通的心灵,致塔特"。赫尔墨斯
与塔特的对话。

　　ⅩⅢ:"三重伟大的赫尔墨斯致其子塔特",副标题:"山中的秘密论说,
论重生及沉默的承诺"。赫尔墨斯与塔特的对话。

　　ⅩⅣ:"三重伟大的赫尔墨斯致阿斯克莱皮乌斯:心灵康健"。为赫尔墨
斯致阿斯克莱皮乌斯的信件。

　　ⅩⅥ:"阿斯克莱皮乌斯致国王阿蒙:定义集"。为阿斯克莱皮乌斯致阿
蒙的信件。

　　ⅩⅦ:标题已佚,为塔特与某国王的对话残篇。

　　ⅩⅧ:无标题,副标题:"论由身体的影响所妨碍的灵魂"。

① 　以下引用《文集》原文时均根据 Nock-Festugière 所编辑的标准版本(Arthur D.
Nock and A. -J. Festugière, *Corpus Hermeticum*. Tome Ⅰ-Ⅳ. Paris: Les Belles Let-
tres, 2002-2008)给出各段编号,如 I. 1 即指论说 I 第一节。

20 世纪初,研究《文集》的英国学者斯科特(Walter Scott)认为 I-XIV 这几篇论说只含有极少量次序安排的痕迹。他承认第一篇文章因其所包含的内容而适合被置于首位,而且其余的论说也可以被看作 I 中所包含教义的阐发和例释,但 II-XIV 各篇相邻文章之间并无内部联系,这些文章在《文集》中的次序似乎是纯粹偶然的。① 费斯蒂基埃其实也曾提出这样的问题,即《文集》中的论说是否具有一定的次序,但他的结论总体上也是否定性的。② 他着重分析了 IX-X 及 XII-XIV 这几篇论说与上下文的承接关系,其观点可总结如下:

(1) IX. 1 中赫尔墨斯向阿斯克莱皮乌斯提到昨天讲述的"完满教导"(λόγος τέλειος),并非 VI-VIII 各篇论说中的任何一篇,因为 VIII 中的对话者是塔特,VII 中并无指定的对话者,而 VI 中的对话者虽然是阿斯克莱皮乌斯,但其中却包含与 IX 的教导正相反对的观点(VI. 4 与 IX. 4)。费斯蒂基埃认为,"完满教导"所指的可能是拉丁文献《阿斯克莱皮乌斯》(Asclepius)的希腊原文,③但这篇希腊文献不仅已经失传,而且没有出现在《文集》之中。

(2) X. 1 和 X. 7 中提到的"一般教导"(γενικοὶ λόγοι)虽然在 XIII. 1 及 Stobaeus 的两个残篇中也曾提过,但它们之间并无联系。费斯蒂基埃承认,X 的开头似乎与 IX 有承接关系("昨天的教导,阿斯克莱皮乌斯,我交付给了你,今天的教导则应当交付给塔特",X. 1),但他相信这只是一种文学虚构。

(3) XII. 1 中提到"诸神是不死的人,而人是有死的神"这一观点时,将其归于"善的精灵"(γαϑὸς Δαίμων)的讲述,而在 X. 25 处虽然也出现了这一观点,却没有提到"善的精灵",而似乎属于赫尔墨斯本人的见解(τολμητέον εἰπεῖν)。此外,在 XII. 8 处第二次提到的"善的精灵"似乎来自某种口传传统(ἤκουσα λέγοντος),而这里提出的观点与 X 的内容并无相关之处。XII. 13 中第三次提到"善的精灵"的学说与 X. 13

---

① Walter Scott, *Hermetica. Vol.* 1, *Introduction*, *Texts and Translation*. Oxford: The Clarendon Press, 1924, p.30.

② Festugière, *La Révélation d'Hermès Trismégiste*, pp. 478-479.

③ "完满教导"(λόγος τέλειος)即为《阿斯克莱皮乌斯》希腊文本的原名。参见 R. van den Broek, "Hermetic Literature I: Antiquity", in *Dictionary of Gnosis and Western Esotericism*, Wouter J. Hanegraaff ed. Leiden: Brill Academic Publishers, 2006, p.493.

中的教导基本一致,但是费斯蒂基埃认为这意味的是两篇文献作者的某种同源性。

(4)对于 XIII 这篇论说,费斯蒂基埃承认它与 I 有学说上的连续性,它不仅明确提到神圣心灵的名字,而且从内容上看似乎也是 I 的完成。然而费斯蒂基埃只是抛出了一个问题:为何这两篇有紧密联系的论说会相隔如此之远,而让中间那些并不构成某种学说进展阶段的论说分离开来? 他似乎将这个问题看作理所当然,并未做进一步的探讨,而只是宣称:

> 这种反常现象清楚地证明,《文集》的编者并未遵循一种事先确立的逻辑规划:人们在其中看不到任何可以与(比如说)亚里士多德《形而上学》或《伦理学》中各篇论述(πραγματεῖαι)相比拟的秩序。①

不难看出,费斯蒂基埃并未深入彻底地考察他所提出的问题,而且他的证据多拘于文字表面,而没有考虑《文集》各篇目的内容是否存在某种连贯性。此外,他在一致性和无矛盾性方面的偏见,也阻碍了他深入探究《文集》本身的逻辑。对此克鲁普(Radek Chlup)有一段中肯的批评:②

> 现代宗教学和人类学研究的基本假设之一在于,如果某些宗教形式看上去不如其他那些融贯和"完善",这是由于它们拥有不同的融贯性标准。因此,如果赫尔墨斯主义者无法恰当地遵循哲学家的推理,那么我们必须假设他们的兴趣并不在这里。要理解赫尔墨斯主义,我们必须确定专属于它的可理解性标准。

遵循这一原则,这里将尝试通过内容上的考察来重构《文集》的教义,尤其注重分析论说 I-XIII 中的观念演进。

---

① Festugière, *La Révélation d'Hermès Trismégiste*, pp. 479–480. 这个评论清晰地表明费斯蒂基埃仍然在以研究希腊哲学著作的眼光来考察《文集》。

② Radek Chlup, "The Ritualization of Language in the *Hermetica*", *Aries* 7 (2007), p. 134.

2. "上升之路"式阐释

费斯蒂基埃提出的问题可为我们设立一个恰当的出发点:为什么 XIII 作为 I 的后续和完成,要放在其余十余篇文献之后,而不是直接置于 I 后面? 仔细地阅读不难发现,这两篇论说是《文集》中最具神秘主义色彩的篇章:在 I 之中,神圣心灵(即"波伊曼德若")直接进入赫尔墨斯思想之中对其进行启示,而在 XIII 之中,赫尔墨斯引导塔特完成了神秘的"重生"[παλιγγενεσία];而安排在二者之间的 II-XII 几篇论说大多采用了非常哲学化的教导方式,少有神话或神秘元素,其主题除对神的描述外,大部分限于运动、空间、宇宙、灵魂、心灵、善恶等问题。这种"启示—理性—启示"的顺序安排可能蕴含着编纂者的独特意图,并且可能会影响读者理解整个文本的方式。下面我们将依次序追寻其内在逻辑,以考察是否能为这一文本编排提供一种合理的解释。

2.1 序章(I)

在论说 I 中,神圣心灵降临赫尔墨斯并与其对话,向他揭示了宇宙万物的起源和生成以及人类的创造和救赎。这个神话中最为重要的观念是"知识"(γνῶσις),实际上这也是整个《文集》教义的枢纽。赫尔墨斯在 I. 3 中对神圣心灵的回应——"我想要了解存在者,通晓其本性,并认识神",不仅是这篇论说的基础,[①]也指出了整个《文集》的结构与目标。在 I. 20 中,通过神圣心灵的启示,赫尔墨斯认识到无知者(άγνοοῦντες)将无法得享不朽,而在 I. 26,神圣心灵教导道,"接受知识的人所拥有的至善即成为神"。这种知识本身是一个摆脱形体束缚的过程,超越物质宇宙并进入心灵和神之领域的"上升之路"(άνοδος, I. 24),而神圣心灵在启示中从宇宙到人类心灵的叙述模式则为这一过程提供了样板(I. 4-26)。在 I. 26 的末尾,神圣心灵敦促已经接受启示的赫尔墨斯去引导和救助他人,这实际上为 II-XIII 各篇的教导提供了序言与开端:后续论说可以看作相对完整地叙述了赫尔墨斯引导弟子达到知识的过程,它本身即是对"上升之路"的一种展示。从内容已遗失的论说 IIa 的标题"普遍教导"(λόγος καθολικός)来看,它或者讲述的是最初步的学说,或者是面对最一般的学徒;而 XIII 的副标题"秘密

---

① Nilsson, *Geschichte der Griechischen Religion*, p. 586.

教导"($λόγος\ ἀπόκρυφος$)则恰恰与其形成对比,它针对的是少数能够直接予以启示的人。由此可见,赫尔墨斯对其他人的引导绝非一蹴而就,I 与 XIII 之间的论说将展示某种逐渐深入的发展过程。

2.2 "预备知识"(II-IV)

II-IV 三篇论说可以向我们展示出这一知识历程的初级阶段。论说 I 中已明显将物质或有形物体与心灵或无形物体对立起来,并且倚重心灵贬抑物质。而在《文集》所有的论说中,只有 II 一篇以很长的篇幅(17 节中的前 11 节)讨论了有形世界中一个重要的自然哲学问题,即物体的运动问题。在对这个问题的讨论中,赫尔墨斯教导,有形宇宙的推动者和所处的位置都是无形的,这一无形事物的本性与有形事物相反,它更加强大,并且或者是神圣的,或者就是神(II. 1-4)。在 II. 12 中,赫尔墨斯直接将这一无形事物等同于心灵。接下来,他对神的概念进行了简要的讨论,提出"善"($ἀγαϑόν$)与"父"($πατέρ$)是神的两个合宜的名称,并且除神之外,没有任何其他事物可被称为善(II. 14)。在论说 II 的末尾,赫尔墨斯说道:"我如此教给你的这些内容已经足够,阿斯克莱皮乌斯,作为万物本性的导言。"(II. 17)这里对 I. 3 中有关"存在本性"知识的回溯是明显的,而且它清楚地表明这篇论说是一种"预备知识"($προγνωσία$),只起到初步引导的作用。

论说 III 是一篇简短的独白,它基本上重述了 I 中神圣心灵向赫尔墨斯所启示的内容。而 IV 则进而引入了对人类本性的讨论,赫尔墨斯在其中回溯了 I. 22 的内容:所有的人都有理性($λογός$),然而并非所有人都拥有心智($νοῦς$)(IV. 3)。心智并非被平等地赐予所有人,赫尔墨斯使用了一个巨碗($ὁ κρατήρ$)的神话来说明只有通过考验的人才能获得它。他反复教导,有形事物与无形事物分属有死者和神圣者,除非憎恨身体,否则便不能爱自身,而爱自身的人将拥有心智并进而分享知识(IV. 6)。赫尔墨斯要求在有死者与神圣者之间选择更强者($κρείττονος$)以使人成为神($ἀποϑεῶσαι$),这分别呼应了 II. 1 及 I. 26 的内容。他强调,"知识并非善的开端,而是把将被知道之物的开端提供给我们"(IV. 9)。论说 IV 标志着知识上升进程中的一个转折点,它将心智引入讨论的中心,而后面的论说既不再集中于对有形事物的讨论,也不再采用神话式的教导手段。

2.3 知识的深化(V-VIII)

论说 V 对神之可见与不可见的集中讨论承接了 IV 中两处简短带过的论述,这些论述事实上引导了下文的发展:"可见的事物使我们快乐,而不可见者引发不信任。坏的事物更易被看到,然而对于可见者善是不可见的"(IV.9);"如果……你用内心之眼去理解"(IV.11)。V.2 更为明确地表达了上述意义,并将心智与不可见者联系起来:"只有理解力才能看到不可见者,因为它自身也是不可见的。如果你有能力,塔特,它也会向你的心智之眼显现。"凭借这种理解力,人就能够在可见的宇宙和人类自身之中发现神(V.3-6),并通过心智而"看到"不可见的神(V.10)。

接下来,论说 VI 承接 II 中对神与善的讨论作了进一步的发挥,与 II.14 一样,赫尔墨斯认为善本身只能被归于神,而不能归于其他存在者(VI.1)。"宇宙仅在这一层面上被认为是善的,即它创生了万物。"这应当是指宇宙本身是一种主动性原则,因为"凡是有遭受的地方便没有善,凡有善的地方便没有任何遭受"(VI.2)。这篇论说对人与宇宙的恶作了大段的阐述,如"宇宙是恶的丰集";"不能在宇宙之内的事物中把握任何美与善"(VI.4)。在 VI 中,赫尔墨斯也没有忘记强调知识的重要性,在将神与无与伦比的美善联系起来之后,他说:"只有一条路将人带向美,即有知识的虔敬。"(VI.5)

论说 VII 承接了 I.18-19、II.6-7 及 VI.3 关于人的罪恶的论述。它的标题已然指出"人类最大的恶为对神的无知",在这篇演说中,赫尔墨斯再次教导人们"用内心之眼去观看"(VII.1),并建议"去寻找一位能够手把手将你们引向知识之门的向导"(VII.2)。而在 VIII 中,赫尔墨斯探讨了死亡($\vartheta\acute{\alpha}\nu\alpha\tau\sigma\varsigma$)的观念,并认为作为一种毁灭($\grave{\alpha}\pi\omega\lambda\epsilon\acute{\iota}\alpha\varsigma$)的死亡与宇宙及其中的物体无关。这篇论说实际上并非否定死亡现象的存在,而是否定了某种遁入虚无的毁灭:宇宙中的物质在被塑造时已经被赋予了不朽的球体形状,而其物质性则是永恒的。然而,"当物质无形体时,孩子,它就失去了秩序"(VIII.3)。这种失序只在地界生物中出现,而天界却保持永恒的秩序不变;尽管如此,地界形体仍会在消解($\delta\iota\acute{\alpha}\lambda\nu\sigma\iota\varsigma$)后重现($\grave{\alpha}\pi\sigma\kappa\alpha\vartheta\acute{\iota}\sigma\tau\alpha\tau\alpha\iota$)(VI.4)。对死亡的讨论实际上是对 I.20 中知识与不朽关系的补充阐释。在 VIII.5,赫尔墨斯将人、宇宙及神相提并论,认为人既能思索第一位神,又能感知第二位神(即宇宙）。V–VIII 这几篇论说构成了"上升之路"的中级阶段，对赫尔墨斯主义最根本的知识问题提供了进一步的启示，为理解后续的论说打下了基础。

2.4　宇宙与人的知识（IX–XII）

"上升之路"的更为高级的阶段由论说 IX–XII 构成。这几篇论说不仅在长度上明显有所增加，而且倾向于对之前已进行的教导作进一步系统化的阐释。一个非常明显的特征是，在 VIII. 5 将人、宇宙及神相提并论后，IX–XII 几篇论说都进一步发挥和详述了三者的关系，如 IX 分别讨论了属于人（IX. 1–5）、宇宙（IX. 5–8）及神（IX. 9）的理解力与感觉（ *νόησις καί αἰσϑήσις* ）；X 中分别论述神（X. 2–4）、宇宙（X. 10–11）及人（X. 12–13）；XI 中类似地分别集中阐释了三者（XI. 2–5；6–10；19–21），等等。这几篇论说呈现出总结与提升的特征，它们一方面对之前论述中存在的某些问题作了决定性的表述，另一方面澄清了先前阶段并未过多说明的"知识"，为论说 XIII 的秘仪作了最后的准备。这两个方面最重要的问题是关于宇宙的善恶与人的神化的知识。

2.4.1　宇宙的善恶问题

当赫尔墨斯在 IX. 4 中谈到恶时，他声称"地球是它（恶）的故乡，而非宇宙，如某些渎神者所声称的那样"。费斯蒂基埃用这一句与 VI. 4 进行对比，他认为这是《文集》中自相矛盾的一个例子，[①]所谓一元论与二元论的对立"倾向"也基于这样的读解方式之上。然而，这种表面的对立实际上会消解于对文本的细读之中。下面将依《文集》顺序指出与宇宙善恶问题相关的关键文段，并对其进行分析。

在 I 中，当神圣心智向赫尔墨斯展示原初混沌及圣言对元素进行区分的景象之后，另一个启示浮现在赫尔墨斯的心智之中，即一个已生成的无限宇宙（I. 7）。神圣心智告诉他，他所看到的是"原型形式"（ *τὸ ἀρχέτυπον εἶδος* ），而实际的宇宙则是根据这个"美的宇宙"（ *τὸν καλὸν κόσμον* ）建造的（I. 8）。在造物主建造宇宙时，圣言与造物主结合并创造了旋转无始无终的天界，而"自然中无理性的元素则被遗弃在下方，成为单纯的物质"（I. 10）。因此，在这一创世神话的叙述

---

① 参见 Nock-Festugière, *Corpus Hermeticum*, Tome I, p. 103 注 15.

中,宇宙已经包含有美的原型与无理性的物质两个组成部分。

在 V 中,当赫尔墨斯指导塔特通过可见世界去"看见"不可见的神时,他讲道:"如果你想看到神,就去思考太阳,思考月亮的轨道,思考恒星的秩序。谁守护了这一秩序呢?"(V. 3)以及"这就是宇宙的秩序,这就是秩序的宇宙"(V. 5)。在这里,赫尔墨斯的用词清楚地表明,他并非要求人们从感官知觉出发来看宇宙,而是以无形的理解力去把握宇宙的秩序。理解力、秩序及神三者都是无形的,而只有在这一层次上,才可能说通过宇宙而"看到"神。因此,当 VI. 4 中说到"不能在宇宙之内的事物中把握任何美与善"时,赫尔墨斯紧接着说,"因为所有落入眼中的东西都像幻影,都是假象……正如眼睛不能看到神,它也无法看到美与善"。这表明赫尔墨斯对感官知觉与理解力的区分是一贯的,感官无法在宇宙中把握任何美或善,宇宙必须区分为肉眼可见的物质和理智可见的秩序,而在理解赫尔墨斯对宇宙的表述时,应当注意区分他的所指。并且,就前面几篇论说的叙述而言,我们只能说它与"美"相关,而不能说宇宙的秩序与"善"相关,因为赫尔墨斯明确指出,只有神才能被称为"善"。

实际上,在论说 V 中,尽管赫尔墨斯教导说人们可以通过思考宇宙而"看见"神,他却从未说宇宙本身是"美的"或"善的"。正如上文提到的 VI. 2 所言,宇宙之"善"限于这一方面,即它同样创生万物;但就其同样遭受变化与运动而言,它不能被称为善的。同样,宇宙所生成的各部分也是"遭受"的主体,因此根据相同的原理,宇宙中的万物都不能被称为善的。IX. 4 的主张只有联系上下文才是可理解的,在声称地球是恶的故乡之前,赫尔墨斯说,"正如我说过的,恶必然居于下面这里,因为这是它的故乡"。"下面这里"(ἐνθάδε)一词在 VI. 3 与 VII. 3 两处都曾出现:

> 因为在下面这里,不太大的恶就是善,而下面这里的善就是恶的最小部分,在下面这里,善不可能纯然无恶,因为在下面这里善已经被恶玷染;(VI. 3)
> 特别是在下面这里,物质……拥有增与减的特性,人们将其称为死亡。(VIII. 3)

VI. 3 中反复强调的"下面这里"的罪恶被归因于"物质形体"

（ σῶμα ὑλικόν ），这是 II. 14 中教导的延续："形体与灵魂中并无位置可容纳善。"因此，IX. 4 与 VI. 4 的主张并非如费斯蒂基埃所声称的那样不可调和，它们所讲的实际上是同一件事情，也即在感官知觉和物质形体的范围内并不能谈论善。特别地，经过 VIII. 4 对地球与无序关系论述的铺垫，IX. 4 比 VI. 4 更为明确地指出了作为"下面这里"的地球是恶的源头这一观念。

那么究竟如何理解宇宙与美善的关系呢？论说 IX-XII 给出了更加详尽的线索："宇宙唯一的感觉与理解在于创生一切以及将它们回收于自身，它是神之意志的工具"（IX. 6，比较 VI. 2）；"宇宙是美的，但并不善"（X. 10）；"宇宙并非善的，因为它在运动，然而由于它是不朽的，它并不是恶的"（X. 12）；在 XI. 6 中，神圣心智要求赫尔墨斯通过他"观察"宇宙之美；而在 XII. 15-18 中，赫尔墨斯给出了对宇宙的最终陈述：

> 这整个宇宙——一位伟大的神，同时也是一位更伟大的神的摹象（ εἰκών ），与神合一并帮助维持着父的意愿和秩序——是生命的丰集（ πλήρωμά ），贯穿于来自父的永恒复归之中，在它之内没有任何东西是无生命的，无论是其整体还是部分。
>
> 整体上看，孩子，整个宇宙是不变的，但它的部分都会经历变化。

从这些表述中，我们可以大致勾勒出《文集》对宇宙认识的发展过程：

a. 来自神圣心智的原型宇宙是美的，而真实的宇宙在创造时包含了物质（I）

b. 整个宇宙作为有形物体都被无形物体（心智）驱动并在无形物体中运动（II）

c. 人可以通过可理解的宇宙秩序沉思神，而通过肉眼则无法做到这一点（V）

d. 宇宙可被称为"善"是由于它能够创造；而作为遭受者和可感物质的聚集地，它又是恶的（VI）

e. 宇宙本身不能被称为恶；它是万物创生的场所与来源（IX）

f. 宇宙不是善的，因为它在运动；它也不是恶的，因为它是不朽的

（X）

    g. 宇宙是美的；它是永恒的摹象，而永恒是神的摹象（XI）

    h. 宇宙是神的摹象，它充满生命，整体上是不变化的（XII）

    由此我们可以总结《文集》对宇宙的看法：

对宇宙的论断	美	善	恶	不善	不恶
宇宙的相应方面	原型与秩序	创造与生命	物质与遭受	运动	整体的不变与不朽

    因此，《文集》对宇宙善恶的判断基于精细的划分之上。如果仅挑出单个篇章来看，它们可能造成一元论与二元论学说对立的假象，但如果将《文集》的教导看作不断深入的整体，这种对立就不再成立。事实上，《文集》中关于存在者的学说始终是二元论的，论说 I - VIII 在不同阶段确立了物质-心灵、非理性-理性、运动者-不动者、遭受（被动性）-主动性及无序-有序等对立原则；然而这些二元对立只是为了向一元论目标上升而做的铺垫。知识本身不仅因其仅与心灵相关而属于美与善的领域，而且它的达成更具有超越二元论的力量："至少那些敬畏神的人会承受这些（邪恶），因为他能够领受知识。对这样的人来说一切都是善的，即使那些其他人认为是邪恶的东西也一样。"（IX. 4）在"上升之路"的高级阶段，对宇宙本身全面的认识是这种知识必不可少的组成部分。

    不仅如此，《文集》后期对于宇宙的阐述与之前论说中的理论铺垫息息相关。宇宙因其运动而不善，这在 II. 1-9、VI. 2 处对运动和遭受的教导中已有基础；而其作为整体的不变与不朽则在 VIII. 1-2 处已有准备性的陈述。此外，IX - XII 几篇论说更加强调宇宙与生命的关系，这由几处相关联的论述所支撑：在 I. 12 及 I. 21，神被称为生命与光（ζωὴ καὶ φῶς）；VI. 2 处认为宇宙之善在于分有了神的善；在 IX. 6 处，宇宙作为神的工具，是为了创造一切自身活动之物；IX. 7 处，宇宙以气息赋予形体品质，这与生命直接相联系；在 XI. 13 神再次被等同于生命、美与善；XI. 15 与 XII. 15 则将宇宙确立为神的摹象。另外，X. 1 对本性（φύσις）与活动（ἐνέργεια）的区分，有助于确立生命与运动的区别，从而避免使"善"与"不善"的述说自相矛盾。这些论述并非在哲学意义上严丝合缝,但是它们构成了一种相互支撑的观念网络,当《文集》较高阶的论说中出现先前已有的观念时,它们或者置于基础性的地位,或者会得到更加深入的讨论。

2.4.2 人的神化

对人的神化($\dot{\alpha}\pi o\vartheta\acute{\epsilon}\omega\sigma\iota\varsigma$)问题的大量相关讨论,乃是 IX－XII 几篇论说处于《文集》教导高级阶段的一个明显标志。正如前文所述,I. 24－26 论述"上升之路"时,其最终目标就在于人的神化,这是知识所能带给人的终极的善(参见 2.1 节)。而达到这种状态的准备性知识,是由 I 与 VIII 进行准备并在 IX－XII 几篇论说中反复陈述的一个学说,即神、宇宙及人是唯一具有神性的三种存在物。上一节已经揭示出宇宙与神的关系,从而完成对宇宙的认识。而对于《文集》的目的来说,更重要的是认识人在存在物中的地位,也即认识人本身。

IX. 1－5 集中阐释了一个准备性的学说,即人的感觉与理解。二者的区别在于前者是物质性的($\dot{v}\lambda\iota\kappa\acute{\eta}$),而后者是本质性的($o\dot{v}\sigma\iota\omega\delta\eta\varsigma$),然而在人类当中二者密不可分。这段论述提出几个重要的观念:首先,理解不同于心智,理解是由于心智的效力而存在,正如神的效力产生神性;其次,理解与有理性的言辞($\lambda\acute{o}\gamma\varsigma$)有亲缘关系,它们互为工具($\ddot{o}\varrho\gamma\alpha\nu\alpha$ $\dot{\alpha}\lambda\lambda\acute{\eta}\lambda\omega\nu$);最后,理解与感觉都是从外部流入人的心智之中,心智中善与恶的思想来自外部不同的"种子"($\tau\dot{\alpha}$ $\sigma\pi\acute{\epsilon}\varrho\mu\alpha\tau\alpha$),它们或者来自神,或者来自某些精灵($\delta\alpha\acute{\iota}\mu\omega\nu$)。在 IX. 5 处,赫尔墨斯重申了在 I. 21－22 及 IV. 3 处的教导:"正如我说过的那样,并非所有人都能享有理解。"作为对知识与虔敬的强调,如 IV. 7 与 VI. 5 所曾指出的那样,赫尔墨斯提到"虔敬是有关神的知识"、"理解就是相信,而不相信就是不理解"(IX. 4, 10)。然而更重要的是,这里为超越这一阶段的认识埋下了伏笔:"理性言说并不能达致真理,但心智是伟大的,通过理性的引导它可以到达这一点,以至于几乎得到真理。"(IX. 10)

论说 X 同样包含了对达到最后的理解所需的准备知识。在 X. 4 中,当赫尔墨斯向塔特讲述有关神的认识后,塔特回答说,"你使我们眼前充满了异象",并承认自己的"心灵之眼"在这既美且善的异象前几乎要变盲。而赫尔墨斯则称"(这种异象)只会照亮到这种程度,它取决于人接受理智光辉之影响的能力"。他否定了在这一阶段获得终极灵视的可能性,但同时指出,"这种知识是神圣的寂静以及对所有感觉的压制"。在 I 中赫尔墨斯本人对启示异象的详尽描述之后,他第一次使弟子通过"心智之眼"感受到某种异象,这似乎也说明整个知识的教导发展到了较高级的层次。在 X. 7 处,赫尔墨斯明确指出,所谓"神化"就是"一切分离灵魂所经受的变化"。分离的灵魂也就是从物质身体中解放出来的灵魂。通过回溯 I. 4-19 及 VII 的内容,赫尔墨斯重申"灵魂的美德就是知识"(X. 9):

> 知识与感觉有极大的不同,感觉只有在对象在场时才出现,而知识是求知的目标,求知是神的恩赐。因为一切求知都是无形体的,它将心智本身用作工具,正如心智将身体用作工具那样。(X. 9-10)

> 对人类来说关于神的知识是唯一的解救。它是向奥林匹斯山的上升。灵魂只有这样才能成为善。(X. 15)

在这里,"上升之路"的隐喻已经变得很明确。在论说的其余部分,赫尔墨斯进一步发挥了心智从身体中解放出来而达到不朽的教义(X. 13-19)。对人的地位与能力的强调清楚无误地出现在结尾处:

> 因为人是神一般的活物,地上其他活物都不能与之相比,只有天上那些被称为诸神者才可以。更准确地说——如果我敢道出真理的话——真正的人比诸神都要高,或至少他们在权能方面完全相等。(X. 24)

> 因此,我们必须敢于说,地上的人就是有死的神,而天上的神则是不死的人。(X. 25)

在论说 XI 中,神圣心智再次向赫尔墨斯显现,不仅再次明确了心智上升的理论基础(XI. 4:"神在心智中,心智在灵魂中,灵魂在身体中,而所有这些都通过永恒而存在"),并指出从神到人的关系链条(XI. 15:"因此永恒是神的摹象,宇宙是永恒的摹象,太阳是宇宙的摹象,人是太阳的摹象"),而且承接 X. 15,对如何达到"关于神的知识"作了更详细的指导:

因此你必须这样设想神,如同他将一切——宇宙,自身,世界——像思想一样包含于自身之中。所以,除非你使自己与神等同,否则你就不能理解神;相似者只被相似者理解。让你自己扩张到无法测量的尺度,跳出一切形体,超越一切时间,变成永恒,这样你就能理解神。要懂得对你来说没有不可能之事,将你自己设想为不朽,能够理解一切,所有技艺,所有知识,所有活物的性情。比任何高度都攀得更高,比任何深度都潜得更深。在你自身之中聚集一切曾拥有的感觉,火与水,干与湿;同时处于一切地方,陆地,海洋,天空;尚未出生,在子宫中,年轻,年老,死去,超越死亡。当你同时理解这一切——时间,地点,事物,性质,数量——你就能理解神。(XI. 20)

这段话表明,尽管关于神的知识是发生于心智中的某种神秘的把握,但把握关于宇宙万物的知识同样是对这种终极知识的一种比拟及准备。① 心智必须被如此"训练",且敢于去把握一切(XI. 21),才能最终接近知识的目标。

论说 XII 已经接近"上升之路"的顶端,它非常合宜地用绝大部分篇幅论述心智本身。除在 XII. 2-3 处回顾 X. 15-17 中关于灵魂与心智关系的认识以外,这篇论说为两个重要问题提供了教导,即命运与理性言辞的问题。在 I. 9 中,造物主创造了七位统治者,以七层天球的形式将可感世界包围于其中,其统治则被称为命运(εἱμαρμένη)。I. 25-26 所描述的"上升之路"实际上就是突破七层天球而到达第八和第九层天的历程。在 XII. 14 中,赫尔墨斯也总结道,"必然性、神意与自然是宇宙与物质秩序的工具",这里的"必然性"也就是指命运:"一切都是命运的作为,没有任何有形之物存在于它之外。善与恶都并非偶然。"(XII. 5)然而,心智能够逃脱命运的掌控:"对心智来说没有不可能之事,无论是将人类灵魂置于命运之上,还是将其置于命运之下。"(XII. 9)

而在 XII. 12 中,心智与理性言辞被并置为神唯独赐予人类的东西,当人离开其肉体时,它们能够指引人穿越诸神。在 XII. 13-14 中,理性言辞被置于比心智更高的地位,以至于被称为"神的摹象与心

① Hanegraaff, "How Hermetic was Renaissance Hermetism?", p. 194.

智"。这里不仅是对 IX. 10 的承接,而且也是对 I. 5-6 中有关神圣言辞描写的回顾,而在这一阶段,人的言辞与神的言辞之间的界限已经模糊了。因此,"通过心智,每一个活物都是不朽的,而人类尤为其甚,因为他能接受神并与神同在"(XII. 19),此时,"理解神并没有什么困难"(XII. 20)。

IX-XII 这几篇论说教导的核心在于认识人自身及神的心智,它们实际上借助 V-VIII 各篇论说所提供的观念对 IV 中的巨碗神话进行了深入讲解。至此,关于宇宙与人类心智的知识已经传授完毕,论说 XIII 很自然地成了它们的后续,即关于神的知识。

2.5 终章(XIII)

论说 XIII 的独特之处在于,它与之前论说的形式相似,但在内容上又与其有明显的差别。它仍然是赫尔墨斯与其门徒塔特的对话,然而其中赫尔墨斯的陈述是如此模糊,以至于塔特的几乎每次提问都会表达出迷惑不解,这一点从他的用词上就可以看出来:"不清晰"(οὐ τηλαυγῶς,XIII. 1)、"迷惑"(ἀπορῶ,XIII. 2)、"谜"(αἴνιγμα,XIII. 2)、"不可能"(ἀδύνατα,XIII. 3)、"勉强"(βεβιασμένα,XIII. 3)、"疯狂"(μανία,XIII. 4)、"无语"(ἀφασία,XIII. 5)。在之前的论说中,赫尔墨斯的教导基本上从来没有引起弟子这样的困惑,而赫尔墨斯自己也承认,这里的知识"无法被教授",只能"由神将其召回你的心智"(XIII. 2)。在论说的后半段,赫尔墨斯引导塔特进入了神秘状态,但是这里并没有像论说 I 一样详细描述所见的景象,虽然它同样以对神的赞颂告终。

尽管如此,这篇论说的内容明显标志着全部教导的顶峰:首先是副标题中"山中的秘密论说",这与 I. 24 处"上升之路"及 X. 15 处奥林匹斯山的隐喻相合。其次,这篇论说对重生奥秘的陈述(XIII. 7-12)模仿了 I. 24-26 中的星象学模式,①而在论说 I 中这一描述也处于神圣心灵教导的末尾。接下来,对寂静的强调和脱离感官的要求延续了 IX. 10 及 X. 5 中关于终极异象的陈述:重生的子宫"是在寂静中理解的智慧"(XIII. 2);"让身体的感官停止运转,神圣的降生就会开始"

---

① XIII 与 I 采用了不同的模式,以对黄道十二宫束缚的破除取代了在七层天球中的上升。尽管如此,在 XIII. 15 中仍然延续了达到"第八层天"的陈述。

（XIII. 7）；而在吟唱最后的重生颂诗之前，赫尔墨斯宣称："泄露它（颂诗）对我来说实属不易，除非为了你，在这一切终结完成之时。它不能被教授，是一个保持在沉默中的秘密。"（XIII. 16）当塔特接受引导开始进入异象时，他这样陈述：

> 我不再以肉眼视物，而是凭借理智活动的权能来观看。我在天上，在地上，在水中，在空中；我在动物与植物中；在子宫中，在其之前和之后，无所不在。（XIII. 11）

这无疑重现了 XI. 20 关于神圣知识的教导。最后，整个论说的结尾明确指出，"知识"的目的已然达到：

> 我们两人都已做了足够的操练——我是讲话者，你是聆听者。你已在理智上认识了自己，以及我们共同的父。（XIII. 22）

三、结　　语

在纵向阅读思路下，《文集》第 I-XIII 篇论说的顺序编排呈现出了清晰可辨的线索。从论说 I 神圣心智向赫尔墨斯进行启示并命他传授真理开始，到论说 XIII 赫尔墨斯引导塔特进入神秘体验，处于中间的每一篇论说都包含对先前所传授知识的回溯。它们一方面显示出从地位较低事物向地位较高事物的传授次序，另一方面从论述的形式来看也有难度逐渐增加的趋势。尽管一方面第 XIV 篇论说确实难以被纳入这一发展；另一方面由于年代与编辑的问题，不能绝对地说目前所见的《文集》代表了原始编纂者的完整构想以及赫尔墨斯主义的全部学说；但是从内容上看，论说 I-XIII 确实相对完整且有序地展示了赫尔墨斯主义的核心观念，即通过关于宇宙、人及神本身的知识摆脱物质的束缚，上升到神的高度。我们可以猜测，在《文集》论说的编排中，处于不同学习阶段或具有不同能力的学习者可以在其阶梯上找到自己的位置。实际上，这些学说次序排列的根据并非哲学式的逻辑演进，而是启示内容及程度的深浅，各篇论说并非在进行哲学争论（argue），而是在进行启示（reveal）。而要进入最后的理解与领悟，理性的教导与虔敬的信念缺一不可，这就是"有知识的虔敬"（ἡ μετὰ γνώσεως εὐσέβεια）的意义。尽管《文集》中对柏拉图主义、廊下派主义、毕达哥拉斯主义以及埃及和犹太宗教传统有明显的借用,但就其自身的结构和可理解性而言,它不应当被看作机械拼凑的产物。虽然追溯《文集》中各种观念的哲学背景或宗教来源对于理解《文集》是必要的工作,但不应认为把所有这些来源揭示出来就等于理解或解释了《文集》本身的学说。

谁是"善谋"的德性之师？

——柏拉图《普罗塔戈拉》"启蒙神话"绎读

王江涛 *

（华东政法大学马克思主义学院）

摘　要：智术师和哲人被视为现代知识人共同的精神资源，以至于读者难以准确把握二者的精神品质。柏拉图的对话《普罗塔戈拉》记叙了苏格拉底与普罗塔戈拉关于"德性是否可教"的论辩。普罗塔戈拉保证，他能教授德性，并使他的学生学会"善谋"的品质。为了证明德性可教，他选择讲述一个普罗米修斯的神话。对神话的文本细读显示，神话以自然、人为和习俗的区分出发，证明人的德性在本质上是习俗的产物，因而是可教的。但若把神话放在整篇对话的语境中，不难发现，普罗塔戈拉的神话并不成功，他最后的结论必须通过神话之外的附加论证才能完成。这表明普罗塔戈拉缺乏善谋的品质。这样的人算不得德性之师，真正的德性之师另有其人。

关键词：苏格拉底　普罗塔戈拉　善谋　神话　德性

　　普罗塔戈拉与苏格拉底的关系或许是理解《普罗塔戈拉》中"启蒙神话"的前提。反过来，理解神话亦有助于我们更加透彻地理解这二人，甚至智术师与哲人的关系。在柏拉图以前，智术师与哲人的关系暧昧不清，人们分不清智术师和哲人，以至于苏格拉底被误认为是败坏青年的智术师。[①] 连苏格拉底自己都承认，要分辨清智术师和哲人绝非

---

*　作者简介：王江涛（1986－　），男，重庆人，华东政法大学马克思主义学院讲师，哲学博士，主要从事古希腊罗马哲学、政治哲学和马克思主义理论研究。

①　sophistēs 通常指特别聪明或有特殊才艺的人，比如乐师、诗人、医生以及"七贤"，有时也称哲人为 sophistēs。后来专指公元前 5 世纪的智术师运动中涌现出的一批职业教师，他们收费授徒，传授辩论、演说、诉讼、修辞以及治理城邦的知识。本文所讨论的智术师特指后者。参见，汪子嵩等编，《希腊哲学史（第二卷）》，北京：人民出版社，1993，页 59－65。

易事。① 柏拉图花大力气批判智术师的习俗主义论点，好不容易才将二者区分开。之后，人们在看待哲人与智术师的这段纷争时几乎全盘接受柏拉图的立场，从而形成一种古典的视野。在这一时期，鲜有人专门研究智术师及其思想。启蒙以来，古典的视野逐渐丧失，伴随着这一变化的是关于智术师研究的悄然兴起，以黑格尔为代表的现代知识人试图为智术师"平反"。② 他们相信智术师在柏拉图笔下遭到了不公正的待遇，所以必须从智术师的立场出发重新建构智术师的思想。现代知识人将智术师看作他们自己的先驱，"我们现在的教化、启蒙运动，不但在形式方面与智者们采取完全相同的立场，就是从内容方面说，也是如此"。③ 智术师们与苏格拉底被不加区分地视为现代知识人共同的精神资源，智术师与哲人的关系似乎又变得暧昧起来……

混淆智术师与哲人的最大危害在于人们无法认清谁才是真正的德性之师。尽管现代思想较之于古典思想已经有了质的变化，但现代知识人恐怕也难以否认古典的命题：美好生活与德性相关。美好生活的实现依旧取决于德性的实现，实现德性有赖于向拥有德性之人学习，而学习的前提在于辨认出谁才是真正的德性之师。然而，经过现代知识人的启蒙，人们似乎丧失了辨认德性之师的能力，这样他们寻求德性、实现美好生活的途径便难以为继。这一张力构成了现代人重新阅读《普罗塔戈拉》的主要背景。

一、政治德性与"善谋"

德性即知识，这是苏格拉底的标志性论断。《普罗塔戈拉》记叙了尚未扬名的苏格拉底与扬名已久的普罗塔戈拉围绕这一论断进行的一

① 柏拉图，《苏格拉底的申辩》，吴飞译，北京：华夏出版社，2007，页 70-75；柏拉图，《泰阿泰德·智术师》，严群译，北京：商务印书馆，1963，页 132-133。

② 西方现代知识人关于智术师的研究主要有：W. K. C. Guthrie, *A History of Greek Philosophy* (vol. 3), London: Cambridge University Press, 1977；黑格尔，《哲学史讲演录（第二卷）》，贺麟、王太庆译，北京：商务印书馆，1983，页 3-38；策勒，《古希腊哲学史纲》，翁绍军译，济南：山东人民出版社，1996，页 81-100；柯费尔德，《智者运动》，刘开会、徐名驹译，兰州：兰州大学出版社，1996；夏帕，《普罗塔戈拉与逻各斯》，卓新贤译，长春：吉林出版集团，2014。

③ 黑格尔，《哲学史讲演录（第二卷）》，前揭，页 19-20。

场论辩。普罗塔戈拉在对话中主张这一论断的推论——德性是可教的（teachable），这一主张与苏格拉底的著名论点"德性即知识"似乎吻合，可苏格拉底为何还要在对话中反对他？相似的立场背后，二人的差异到底在哪里？问题的答案似乎只能深入对话情节寻觅。所以从表面上看，《普罗塔戈拉》仅仅是一场哲人教训智术师的对话，可实际上，这篇对话记叙了一场被镶嵌在复杂叙事结构之中的对话：普罗塔戈拉讲述了一个神话故事，但他的神话不过是论证的一部分，并且服务于他与苏格拉底的论辩；苏格拉底向一群无名的同伴们转述了他与普罗塔戈拉的论辩，却暗中为这一论辩披上了一层神话故事的外衣。

雅典青年希波克拉底（Hippocrates）崇拜普罗塔戈拉的智慧，期望拜他为师。因此，他请求苏格拉底帮忙引荐，把他介绍给普罗塔戈拉。苏格拉底答应陪他一起去卡里阿斯家中见普罗塔戈拉，并将他俩前来的目的告诉普罗塔戈拉。普罗塔戈拉听罢，决定在这位潜在的学生面前炫示一番，便向希波克拉底承诺，"要是你与我在一起，那么，你与我在一起一天，回家时就会变得更好，接下来的一天同样如此。每天都会不断朝更好长进"。① 苏格拉底并不满意这个回答，他认为普罗塔戈拉在有意敷衍，坚持要普罗塔戈拉说明他能够让希波克拉底在哪方面获得进步。普罗塔戈拉说他传授的是在齐家和治理城邦方面"善谋"（319a）。苏格拉底就更疑惑了，他"武断地"把普罗塔戈拉所说的这种才能等同于政治技艺，忽略掉齐家与善谋之间的内在联系。苏格拉底断言，这门技艺似乎不可传授，理由有二：第一，雅典是一个民主城邦，凡城邦公民不论阶层地位，皆可参政议政，为治理城邦出谋划策，可见，政治技艺人皆有之，无需专人传授；第二，政治德性无法传授，即便是雅典最有政治智慧的伯利克勒斯（Pericles），也无法将他的智慧传授给他的儿子。这样看来，政治德性要么不用教，要么不可教。因此，他希望普罗塔戈拉"能更为清楚地展示德性可教"（320c），他允许普罗塔戈拉按照自己的喜好，选择以神话（mythos）或论证（logos）的方式展示。

仔细对比这两条理由，便会发现苏格拉底暗地里将政治技艺替换为政治德性，并故意含混地使用这两个概念，凭此制造出某种错乱：苏格拉底把人皆有之的那种东西称作政治技艺，反而把伯利克勒斯的那

① 柏拉图，《普罗塔戈拉》，见《柏拉图四书》，刘小枫译，北京：三联书店，2015，318a5。凡《普罗塔戈拉》引文皆随文附注斯特方边页码，不再另注。

种智慧称作政治德性。事实上，称前者为德性，后者为技艺似乎更为妥当。苏格拉底混淆政治技艺和政治德性，似乎故意在给普罗塔戈拉出难题：普罗塔戈拉一方面要向希波克拉底证明，他是教授德性的专业教师，可另一方面，他又得证明政治德性并非专业技艺，人们可以不习而得，否则他就犯了民主雅典的大忌。换言之，普罗塔戈拉必须在承认德性不可教、不用教的前提下证明政治德性是可教的。苏格拉底将普罗塔戈拉置于一个进退维艰的两难窘境，这个时候尤其考验普罗塔戈拉的德性：他若想两者兼顾，必须善谋，普罗塔戈拉必须首先证明他是一位善谋的德性之师，他才能让希波克拉底相信能从他那里学会善谋。因此，普罗塔戈拉并没有像他宣称的那样把真相直接说出来，这在民主雅典不合时宜，他决定"像长者给年轻人讲故事那样"讲述一个神话故事。①

二、普罗塔戈拉的"启蒙神话"

普罗塔戈拉的神话一共分为五部分：一、无名诸神创造有死的族类；二、厄琵米修斯（Epimetheus）把各种禀赋分配给不同的族类；三、普罗米修斯（Prometheus）盗火；四、宙斯赠送人类政治技艺；五、惩罚使人有德性。其中，普罗米修斯盗火的情节处在中心的位置，并构成整个神话的核心。

神话的开头充满诗意，颇有赫西俄德的古风：

> 从前那个时候，已经有了诸神，至于有死的族类，还没有。后来，有死族类的诞生时刻到了，诸神掺合土、火以及许多土与火的混合物，在地下造出他们。（320d）

普罗塔戈拉暗示，无名诸神的创造行为需要特定前提——时机、质料和场所。首先，他们不能单凭自己的意志创造万物，必须等待"某个特定时刻"。其次，万物是由特定的质料所造，即土与火。最后，造人需要特定的场所——地底下。地底下没有光照，这说明无名诸神是在

---

① 普罗塔戈拉（Protagoras = protos + oras）的字面含义是"第一个说出［真相］的人"。

黑暗中创造的人类。如果启蒙(enlightenment)的含义是让光照进来，无名诸神便是在未经启蒙的蒙昧状态中创造万物的。这一怀疑在某种程度上得到了其他柏拉图对话的支持：在《蒂迈欧》中，蒂迈欧描述的工匠神(Demiurge)就像无名诸神，用火和土创造了万物，但区别在于，工匠神在创造万物时运用了数学的方法，按照一定比例调和各种质料，使得造物不会被其他东西所分解。显然，工匠神不是在"未经启蒙的蒙昧状态"中创造万物，而无名诸神显然没有这些考虑。如此看来，无名诸神显然不如工匠神善谋。

无名诸神完成任务之后，他们指派普罗米修斯和厄琵米修斯兄弟在有死的族类见光之前，"以恰当的方式替所有的族类安置和配给力量"，也就是说，他们俩兄弟的工作也在地下进行。厄琵米修斯恳求普罗米修斯允许他来分配，让普罗米修斯负责监工，哥哥心肠软，遂答应了弟弟的请求。厄琵米修斯的工作有一定自由发挥的余地，他以"一种平等的方式(an equalizing way)"分配各种自然的本领，"不让任何一类灭掉"(320e-321a)。

为了做到这点，他小心翼翼地拟定了三项设计原则：第一，为动物设计抵御其他动物的本领；第二，为动物设计抵御天气变化的本领；第三，为动物提供食物。① 然而，在某些情况下，这些原则会相互冲突：有些动物本来是其他动物的食物，若为它们设计抵御其他动物的本领，就不可能被其他动物捕获为食。于是，厄琵米修斯不得不进行某些修补：有些动物若难以抵御别的更强大的动物，就赋予它们旺盛的繁殖能力，相反，那些称王称霸的动物就不能生很多崽，以免打破生态平衡(321b)。通过这种方式，厄琵米修斯打造出一个秩序井然的封闭生态系统，可以想见，在这个类似于斗兽棋的系统中，厄琵米修斯赋予每一族类的动物的本领都不是孤立的，而与其他本领有着内在的联系，它不仅决定了这一动物在生态系统中的地位，还间接决定了其他动物的地位。比如那些位于食物链底端的动物，如果它们的繁殖能力不够旺盛，不但自己会灭亡，而且会影响以它为食的其他动物的生存状况。客观来讲，厄琵米修斯的设计已经足够精细，可惜他的考虑漏掉了一个致命

---

① Seth Benardete, "Protagoras's Myth and Logos", in *The Argument of the Action: Essays on Greek Poetry and Philosophy*, Chicago: The University of Chicago Press, 2000, p.187.

环节——忘记将人类嵌入这一生态系统。普罗塔戈拉如此叙述似乎在暗示，对于自然界而言，人是后来者，和谐有序的大自然没有人类生存的空间，人类为了活下去，不得不打破大自然原定的和谐。

生存本领业已分配完毕，但规定的时刻就快到了，这时的人类除了有一副由火与土打造的躯体，一无所有：没有衣服，没有鞋子，没有被褥，没有武器。这样的描述与《会饮》中第俄提玛关于爱若斯的描述十分相似，可见，爱欲很有可能是人的自然属性，普罗塔戈拉却没有如此描述人类。这样的人类在厄琵米修斯设计的生态系统中无法保护自己，无法抵御严寒，就连食物也弄不到，进入光亮之中无异于见光死。这就是人的"自然状态"。由于厄琵米修斯的疏忽，人类的自然处于一种十分糟糕的状态之中，除了他的身体，别无所有，所谓的理性和社会性都是后来附加在白板一块的自然之上。除了人之外，动物的"自然状态"也好不到哪儿去，它们固然有生存的本领，却缺乏理性（ta aloga），总的来说，"自然状态"不是值得追求的理想状态，它需要被改造、克服。

重新分配生存本领已经来不及了，更不能坐以待毙，这个时候尤其需要一个善谋的决断。这时，普罗米修斯出场了。

普罗米修斯的办法是盗火，他偷偷潜入雅典娜和赫菲斯托斯的工场，为人类偷来火和技术。有了火和技术，人类就"有了活命的智慧"。但这些技艺对于人类还远远不够，人类还缺少政治技艺，政治技艺由宙斯亲自保管，这说明政治技艺比一般的技艺更加珍贵，政治或道德对于人类生活而言比单纯的技艺更重要。

普罗塔戈拉在第三阶段（普罗米修斯盗火）的叙述有些奇怪，盗火的情节重复出现了两次。对此，研究柏拉图对话的学者们提供了两种解释思路：一种解释认为，普罗塔戈拉意在强调盗火对于人类生存的重要性，重复意味着强调。另一种解释认为，重复在情节上并无必要，这是普罗塔戈拉在编织神话时不小心露的破绽，神话的这一部分在遣词造句也不如前文得体、自然，这些地方都说明，普罗塔戈拉还不够善谋。其实，第二种解释也可以侧面支持第一种解释：盗火是神话的关键段落，整个神话是否有说服力，取决于盗火部分编织得是否圆熟，或许，普罗塔戈拉在第一次讲述盗火情节时处理得有些随意，所以他不得不把盗火的部分重新讲一遍，以保证更加合理地推进接下来的情节。

普罗塔戈拉把属神的智慧赠送给人类之后，人类由此发明了若干技艺:宗教、祭祀、雕刻、语言(修辞)、造房、裁缝、制鞋、编织以及种地。[1] 这些技艺有效地弥补了人类的自然缺陷。人类掌握了裁缝、制鞋、编织的技艺,彻底改变了"没有衣服,没有鞋子,没有被褥"的困境。这些技艺的共同特征是需要学习才能掌握,宗教、祭祀、修辞、造房等技艺同样如此。这暗示掌握技艺的前提条件是人类必须具有理性,否则学习就不可能。与之形成鲜明对比的是厄琵米修斯分配给动物的本领,这些本领与生俱来、无需学习,理性并未发挥作用。

掌握生存技艺的人类总算和动物一起从地下来到地上,这时候的人类有了理性,但理性并不等于社会性,人们"分散居住,没有城邦"。人类的出现打破了原本生态系统的平衡,动物原本被设计为吃青草、果实、根茎或其他的动物,人类的出现使厄琵米修斯的设计失灵——动物开始吃人。人类无力抵御动物的进攻,因为他"比动物孱弱得多"(322b),普罗米修斯只考虑到抵御天气的技艺和获得食物的技艺,没有考虑抵御动物攻击技艺。假如普罗米修斯更加善谋,他应该会后悔为什么没有将狩猎术或驯化术传授给人类——因为前者能够使人捕猎动物为食,后者能够让人与动物化敌为友,使之成为人类的帮手,这两门技艺都有助于改善目前人类的生存处境。由于人类缺乏与动物打交道的正确技艺,战争成为人类与动物之关系的唯一可能性。而战争技艺是政治技艺的一部分,没有政治技艺,就没有战争技艺。人们为求自保,试图聚集起来,建立城邦。但由于缺乏政治技艺,人们在建立城邦之后"常常对彼此行不义","结果又散掉,逐渐灭掉"(322b5)。

据说,城邦之所以产生,是因为没有人能够做到自给自足,每个人都需要很多东西,于是有必要把许多人集中在一个地方,大家相互分工,以满足彼此的需要。[2] 经普罗米修斯改造的人宁愿冒着独居被动物袭击的危险也不愿聚在一起,可见,这些人不需要其他人,即使独处也可以活命。然而,纯粹的农夫在理论上不可能独自生存,因为农夫不懂编织术,他没有衣服可穿;同理,裁缝不会造房术,无房可居;泥瓦匠既不会耕种也不会编织,即使不被饿死也会被冻死。仅仅掌握一门技艺的人绝不可能在没有城邦的情况下生存下去,反过来讲,经普罗米修

---

① Seth Benardete, "Protagoras's Myth and Logos",前揭,p. 189.

② 柏拉图,《理想国》,王扬译,北京:华夏出版社,2014,页58。

斯改造的人竟然能够独自活命，唯一的解释就是他掌握了不止一门技艺，耕种、编织、造房等普罗塔戈拉传授的技艺他全都会，否则他如何确保最基本的生存需要呢？① 换言之，经普罗米修斯改造的人成了自给自足的个体，这样的个体不需要他人，因而也不需要城邦，强行将人们聚集在一起只能使他们彼此行不义，而且这种强迫本身就不义。

总体来说，普罗米修斯盗火的行为为他树立起一副革命者的形象：一方面，他把从神那里偷来的智慧给予人类，打破了有死的族类与不死的族类之间的界限；另一方面，他赋予了人类新技艺，从而打破了厄琵米修斯建造的生态系统的平衡。然而，普罗米修斯显然不是一位善谋的革命者，他并没有为人类命运带来实质性的变化。试想，如果没有宙斯的介入，人类或许就此灭亡。尽管人掌握了活命的技艺，但他毕竟不是按照厄琵米修斯"不让任何一类灭掉"的原则设计的，倘若没有政治技艺，他们在弱肉强食的自然界中仍然难免一死。

最终，宙斯介入了普罗米修斯的计划，他派遣赫尔墨斯把政治技艺——羞耻感和正义感——当作礼物赠予人类。赫尔墨斯显得比普罗米修斯兄弟更加善谋，他问宙斯应当如何赠予？未等宙斯作答，他紧接着补充道，是当作专业技艺那样分配给一个人就够了，还是平均分配给所有人。显然，赫尔墨斯事先调查过人类的生存处境基本情况，他发现技艺的分配原则是各司其职，一个人干一件事。每人精通一门技艺，是苏格拉底设计理想国的基本原则，②但经普罗米修斯改造的人并不遵循这一原则，他们是自给自足的个体。这说明哲人和智术师对于人类的"自然状态"有着不同的理解，至于为何要把"自然状态"中的人类理解为自给自足的个体，神话的叙述者普罗塔戈拉没有交代，或许他考虑不了这么周到。听取赫尔墨斯的意见之后，宙斯决定平均分配，让每个人都分有羞耻感和正义感。另外，宙斯还颁布了一条法律："没有能力分有羞耻感和正义感者，一律处死，因为这类人是城邦的瘟疫。"（322d）有了政治技艺，有了法律，人们就不会互相行不义，城邦就得以维持，人类就可以在与动物的战争中存活下来，这一点是一般性技艺所不及的。道德与技艺不是一回事，正如技艺不同于自然禀赋。

---

① Seth Benardete, "Protagoras's Myth and Logos"，前揭，pp. 190‑191.
② 柏拉图，《理想国》，前揭，页59。

三、作为神话的论证

　　宙斯的话音刚落,普罗塔戈拉就立刻提到苏格拉底的名字。苏格拉底明明是在座的听众之一,作为一位当代人,他怎么可能出现在神话叙事中? 对于普罗塔戈拉的这一反常举动,听众和读者的直接反应往往是"神话讲完了",然后期待普罗塔戈拉接下来的论证。这是一种想当然的偏见,这一偏见反映出我们对神话和论证的某种先入之见。柏拉图对神话有着自己独到的理解,与我们的理解有时并不完全一致,有时候我们以为是神话的地方,柏拉图却称之为"论证";反之,看起来像论证的言辞,柏拉图又冠以"神话"之名。为了避免我们的先入之见把我们引入歧途,最稳妥的办法就是按照柏拉图或柏拉图笔下人物的理解方式去理解神话和论证。

　　的确,普罗米修斯的故事讲完了,但这并不意味着神话结束了。讨论惩罚的第五部分无论看起来有多像论证而不像神话,普罗塔戈拉都明确将其当作神话,这要求我们必须将讨论惩罚的段落当作神话的有机组成部分。

　　更重要的是,普罗塔戈拉根本没有解决苏格拉底给他出的难题。因为,正义感和羞耻感既然是宙斯赠予的礼物,那么它们就是不习而得的品质,这恰恰证明政治德性不需要传授。普罗塔戈拉无法在普罗米修斯盗火的神话框架中解决这一困难,至少需要为神话做某种有效的补充,"来一段证明,以免苏格拉底被欺骗了"(322a5)。普罗塔戈拉必须亡羊补牢。

　　亡羊补牢的第一招是偷换概念。其实,整篇对话的论证都是建立在技艺和德性似是而非的互释性之上,①之前苏格拉底也这样干过。普罗塔戈拉在这里把政治技艺等同于政治德性并进一步等同于正义和明智,正义感(dikē)成了正义(dikaiosunē),羞耻感(aidōs)被明智(sōphrosunēs)所取代。普罗塔戈拉的证明如下:如果一位技艺拙劣的吹箫手胆敢吹嘘自己是高手,而实际上不是,他将被嘲笑或批评。如果一个不义之人胆敢说出真相,说自己不正派,那么人们都会当他是疯

---

　　① arete 一词除了表示 virtue[德性],还表示 excellence[卓越],如果某人拥有高超的吹箫技巧,他也被认为具有吹箫的德性。

子。这一类比的要害在于，纯粹技艺性的事务拒斥谎言，而在德性方面撒谎反而成为一种德性，说真话被看作疯狂——明智的对立面。普罗塔戈拉难道没有意识到他说法中的矛盾？仅仅从逻辑上讲，的确如此。但若把关于惩罚的论述看作宙斯法律的延续，所谓的矛盾看上去就容易解释了：一个人如果不假装具有正义感，依照宙斯颁布的法律，就会被当作城邦的瘟疫而处死。宙斯立法的结果不是使人们变得真正正义，而是使人们假装分有正义感。通过这样的补充，普罗塔戈拉暗示，实质性的正义并没有神圣的来源，所谓正义的神圣基础不过是神话的说法，而神话是虚构的，正义是通过习俗性的手段（惩罚）产生的。苏格拉底在《泰阿泰德》中再次把这一论点归到普罗塔戈拉名下。①

　　神话讲到这一步，普罗塔戈拉才算对苏格拉底的诘问有了实质性的回答：人们相信每个人都分有正义，所以他们认为自己有资格对此发表意见。在雅典，人人都能参政议政，这并不是因为他们真的拥有政治德性，而是因为他们相信自己拥有。只要人们相信每个人都是正义的，每个人就"是"正义的。在民主城邦，意见一旦获得公众的认可，就成了"真理"。这样一来，苏格拉底就不能从民主的既定事实推导出每个人都拥有政治德性，进而证明德性不可教。反过来，普罗塔戈拉不仅可以证明德性可教，同时也不会触碰民主制的"红线"，犯政治不正确的错误。

　　　　没有谁惩罚干坏事的人是因为老想着这些人干了坏事，或者仅仅因为干了坏事，谁也不会像头野兽那样毫无考虑地要求抵偿。谁要考虑要求抵偿，那他不会针对一桩过去了的不义而采取行动，因为，没可能抹去已经做成的事情；要求抵偿为的是将来，无论罪犯自己还是看到罪犯受到惩罚的人，都不会再行不义……按照上述思想，雅典人也属于认为德性是可设置、可教的那类人。你的同胞公民们当然有理由采纳补锅匠和鞋匠对政治事务发表的意见，而且认为德性是可教的、可设置的。（324a5-c5）

　　德性当然是可教的。当一个人干了不义的行为时，惩罚相当于一种纠正式教育，可以帮助不义者逐渐养成正义的品质。如果说宙斯真

————————
①　柏拉图，《泰阿泰德·智术之师》，前揭，页63-64。

赐予人类某样礼物的话,他的礼物也不是正义,而是惩罚。① 惩罚教导正义,惩罚造就德性。然而,单凭惩罚绝不可能造就补锅术和制鞋术。显然,它们无法仅仅依靠惩罚就习得,惩罚并不直接产生知识。学生在学习一门技艺时当然会犯错,也会因犯错受惩罚,可惩罚完之后,学生还必须学习正确的知识才能避免进一步犯错,否则再多的惩罚也永远不可能帮助他掌握任何一门技艺。

这样看来,"启蒙神话"的实质是针对神话的启蒙,其中,惩罚理论的任务就是要把沉醉在神话故事中的听众唤醒,告诉他们,所谓神话都是骗人的,宙斯赠送给人类的哪里是正义,不过是正义之名而已。事实上,不少享有正义之名的人都是行不义的沽名钓誉之徒,即使宙斯也无法改变这一事实,只有惩罚才能教育人并使人享有正义之实。

　　《普罗塔戈拉》中的神话,是以自然、人为和习俗之间的区分为基础的。自然是由某些神祇的隐秘工作和厄琵米修斯的工作所代表的。厄琵米修斯在唯物主义的意义上代表了自然,按照这种意义,思想在没有思想的躯体和这些躯体没有思想的运动之后才出现。诸神的隐秘工作是无需光明、无需理智的工作,因而与厄琵米修斯的工作基本上是同样的意义。普罗米修斯本人,普罗米修斯的盗火,他对上述诸神的反叛则代表了人为。宙斯将正义作为礼物送给"所有人",这代表了习俗:只有通过公民社会的惩罚活动,那个"礼物"才成为有效的,它的要求要由纯然貌似的正义才能完满地实施。②

四、善谋与神话

　　普罗塔戈拉的惩罚理论为他的"启蒙神话"画上了句号,他自信成功地解决了苏格拉底的第一个困惑——德性是否可教。至于苏格拉底

---

① 　宙斯的惩罚与普罗米修斯的怜悯是历来普罗米修斯神话中的对立主题。参见赫西俄德,《工作与时日·神谱》,张竹明、蒋平译,北京:商务印书馆,2009,页43-45;埃斯库洛斯,《被俘的普罗米修斯》,收于《古希腊戏剧选》,罗念生译,北京:人民文学出版社,2008,页14-20。

② 　施特劳斯,《自然权利与历史》,彭刚译,北京:三联书店,2003,页118。

的另一个困惑——优秀的人为何无法将自己的德性传授给自己的后代,"关于这一点呵,苏格拉底,我就不用再给你讲神话啦,还是来段论证吧"(324d5)。

几乎所有研究《普罗塔戈拉》的学者都注意到,这句话才标志着神话的结束,因而关于惩罚的论证被当作神话的一部分没有任何疑问,但由此出发,如何解释并评价普罗塔戈拉的"启蒙神话",学界却没有达成统一的意见。从文献学的角度看,当某个神话传说出现不连贯情况时,该神话往往来自不同来源文献材料的组合,而不是由一位作者独立创作。既然不是独立作者,自然也不存在作者创作意图的问题。① 以葛恭(Olof Gigon)为代表的古典语文学家认为"惩罚理论"是神话的附加证明,至于这段证明为何在文风上与之前的神话形成巨大的反差,至于这到底是普罗塔戈拉的有意安排抑或无心疏忽,他并不关心。② 新近的研究尝试将普罗塔戈拉的意图纳入到解释之中。深受施特劳斯政治哲学影响的朗佩特(Laurence Lampert)认为,文风的不一致绝非偶然,这是普罗塔戈拉有意为之。因为"这番语言变换并非疏漏,普罗塔戈拉懂得,需要借助某种不严密,才能在一篇讲辞中既传达教导,又传达真实"。③ 伯纳德特(Seth Benardete)则表示,文风的差异反映出普罗塔戈拉的某种缺陷。他认为普罗塔戈拉没有意识到蕴藏在神话中的真实,就像古希腊悲剧中的歌队长角色,口中虽然念念有词,但心里其实并不明白诗句的深刻意涵。④ 到底哪一种看法更贴近柏拉图笔下的普罗塔戈拉形象? 如果从普罗塔戈拉本人提出的善谋这一概念来看,他所传授的要么不是真正的德性,要么他还不够善谋。

---

① 这种理论最为成功的案例是德国学者 Julius Wellhausen 在《以色列史导论》(*Prolegomena to the History of Israel*)中以此解释《旧约》中的诸多矛盾。但《普罗塔戈拉》与《旧约》情况不同,即使假设普罗塔戈拉讲述的"启蒙神话"来自不同的文献材料,也不能直接勾销普罗塔戈拉如此编织材料的意图,遑论柏拉图把"启蒙神话"当作《普罗塔戈拉》一部分的文学创作意图。

② 葛恭,《〈普罗塔戈拉〉发微》,收于《美德可教吗?》,江澜译,北京:华夏出版社,2005,页145。

③ 朗佩特,《哲学如何成为苏格拉底式的》,戴晓光等译,北京:华夏出版社,2015,页62。

④ Seth Benardete,"Protagoras's Myth and Logos",前揭,p.191.

最直接的证据正是"启蒙神话"本身。普罗塔戈拉虽然讲神话，但他从来不理解神话。启蒙神话虽然在结构上分成五部分，但每一部分所占的篇幅并不均衡，关于惩罚理论的最后一部分与前四部分加起来的篇幅大体相当，换句话说，普罗塔戈拉的神话只有一半的内容是在讲故事，另外一半则在论证，这一方面反映出普罗塔戈拉对于"神话"概念的理解过于狭隘，另一方面则暴露出普罗塔戈拉不会利用神话讲道理，以至于他不得不依靠附加的论证去回应苏格拉底的质疑。

从词源上看，神话与论证最初都表示"言辞"，二者的差别是后来产生的，神话逐渐成为虚构的故事，而论证则专指抽象推理之类的言辞，但二者绝非对立冲突的关系，苏格拉底在《理想国》中对阿德曼托斯说："神话讲的是虚假的东西，但其中也有真实。"[①]普罗塔戈拉对于这一点并没有充分的认识。在他看来，神话与诗歌是一回事，它们全是虚假的故事。虚假的故事使人着迷，它可以为智慧提供遮掩，因为智术师展示自己的智慧时，难免"招人妒忌，其他人可能会找他麻烦，甚至会心怀敌意地算计他"。所以神话是隐藏智慧的外套，但神话本身并不是智慧(316c5-e5)。神话永远只是神话，正如虚假中没有真实，神话中也不会有智慧，智慧只存在于逻各斯(论证)之中。启蒙神话看似恭维了在场的雅典人，让他们以为自己的政治德性都来自宙斯的馈赠，"其实才不是这回事哩"，神话里都是骗人的，正义既不源于自然，也没有神圣的起源，正义来自惩罚，正义是习俗的产物。这才是普罗塔戈拉的真实想法，这一真实想法只能通过论证表达。

既然神话的唯一作用在于隐藏智慧，那么神话诗人就是隐藏身份的智术师，可神话诗人的真实身份偏偏又无法逃过那些当权者的眼睛，这样神话的外套便显得没有必要，所以普罗塔戈拉公开承认自己是智术师，因为这比否认的做法更明智(317b)。普罗塔戈拉考虑到公开传授政治智慧会面临危险，但他不理解政治智慧或政治哲学为何必须穿上神话的外套，他并没有"好好考虑"政治哲学为何需要隐藏自身。普罗塔戈拉已经看出智慧容易招致权力的迫害，但他却宣称不畏惧当权者，普罗塔戈拉突出的是自己的勇敢德性。然而他过于勇敢，当他公开在书中写下"关于神，我既不知其所是，也不知其所不是"时，他为他的

---

① 柏拉图，《理想国》，前揭，页70。

勇敢付出了代价——雅典将他驱逐出境。① 当一个人无法学会将自己的勇敢与明智结合在一起时,他的勇敢就只能体现为鲁莽,这样的人终究算不得善谋之人,如果这样的人自称德性之师,那么希望学习德性的人的确应该好好考虑,从他那里学到的是哪一种德性。

与普罗塔戈拉相比,苏格拉底对神话的理解更加透彻,他明白政治哲学离不开神话这件外套,同时他也知道,神话绝非仅仅是一件外套,神话与论证可以结合成神话叙事(muthologia),他自己就经常在柏拉图对话中讲述这样的神话叙事。更重要的是,苏格拉底懂得,仅凭智慧称不上善谋。

在对话结尾,希波克拉底跟着苏格拉底一起离开了(362a)。希波克拉底并没有成为普罗塔戈拉的学生,但他有没有成为苏格拉底的学生呢？柏拉图并未告诉我们。我们只知道,希波克拉底热爱智慧,却在天性上缺乏分辨虚假智慧的能力,幸好,他有苏格拉底这样的朋友。如今,有太多像希波克拉底这样的学生,他们热爱智慧却又缺乏分辨能力,然而他们身边却没有苏格拉底,又有谁能帮他们辨识真正善谋的德性之师呢？

＊本文受教育部人文社会科学项目《"美"的政治哲学探源》(16YJC720018),上海市哲学社会科学规划课题《哲人与智术师》(2016JG009－EZX077)资助。

---

① 第欧根尼·拉尔修,《名哲言行录》,徐开来、熊林译,桂林:广西师范大学出版社,2010,页459。

昆体良对西塞罗演说家德性要求的修正

——"好人"论

姚云帆 *

（上海师范大学比较文学与世界文学研究中心）

摘　要：昆体良将"好人"视为理想演说家德性的根本标准,对于这一论述,以瓦尔泽为代表的研究者将之看作古罗马帝政时期演说家与廊下派哲学争执的典型表现,而温特波顿则将好人论看作西塞罗对演说家德性规定的延续。在《论演说术原理》第一卷中,昆体良将自己的"好人"概念追溯到西塞罗对"哲人演说"的论述。但是,如果对照西塞罗《论铺陈》和《论演说家》的论述,昆体良在表面上遵守西塞罗观点的同时,暗中否定了西塞罗的核心观点:演说术是哲学家完成其政治行动的政治技艺,哲学家的智慧保障了演说术的根本德性。昆体良把演说术比作医术,而将演说术视作一种基于语言应用天赋和经验的学科,但他自身的公民道德感使他不能接受演说术与社会规范的彻底分离。因此,他在形式上仍然保留好人与演说术的关系,而拒绝用哲学,哪怕是政治哲学,作为这一公民德性的普遍奠基。

关键词：好人　《论演说家》　《论铺陈》　哲人-演说家　政治哲学

一、昆体良的"好人"概念

"好人"（Vir Bonus）是古罗马共和晚期和帝政早期修辞学与哲学思想中非常重要的概念。而在使用"好人"这一概念的思想家中,最为重要的或许就是古罗马帝政时期的修辞理论家昆体良。在代表作《论

---

*　作者简介:姚云帆（1983-　　）,男,江苏常州人,上海师范大学比较文学与世界文学研究中心副教授,主要从事西方古典文论和修辞学、西方当代文学理论研究。

演说术原理》中，昆体良提出了一个影响后世修辞学理论甚至后世思想史的重要观点：一个好的演说家必须是一个"好人"：

> 若想教人成为完善的演说家，则此人必须是个好人，因此，我们要求他在各项能力上符合演说家的要求，而且在灵魂的各种德性上也必须符合(好人)的要求。实际上，我似乎应该不妥协地说，在生命、高尚和正直上符合分寸的人，并不像众人认为的那样，被看作哲学家。因为，那些在管理公家和私人事务上最适合的人，往往既能协助管理城邦，又能奠定法律，修正法庭判例，而没有其他人比演说家更适合这项工作。①

值得注意之处在于，昆体良提出这一观点，有着潜在的论争对象，那就是哲学家。显然，这一问题，虽为很多学者注意，却并未有人详细分析和阐明。其中，瓦尔泽(Athur E. Walzer)在其名为《昆体良的好人与廊下派智者》(Quintilian's "Vir Bonus" And The Stoic Wise Man)的论文中，对昆体良的好人概念进行了全面的论述和思考。② 瓦尔泽引用库恩(Thomas Kuhn)的范式理论，试图从"好人"概念产生的历史语境中，归纳出"好人"使用的具体范式。瓦尔泽认为，昆体良的好人概念受制于廊下派对"智者"概念的理解范式的影响。但昆体良试图与廊下派哲人进行争辩，夺回演说家在城邦政治实践和道德规范中的核心地位。③

与瓦尔泽不同，早在1964年，温特波顿(Michael Winterbottom)就已从文献考据和历史语境细致分析了昆体良的"好人"概念。④ 温特波顿指出，在昆体良之前，廊下派哲人波希多尼乌斯(Posidonius)确实已经强调道德和哲学论述的关系，但昆体良更可能从西塞罗那里获得对"好人"概念的基本理解。⑤ 他还认为，昆体良重新强调"好人"概念，

---

① Quintilian, *The Orator's Education* (Vol. 1), Cambridge: Harvard University Press, 2001, p. 56.

② Arthur E. Walzer, "Quintilian's ' Vir Bonus' and the Stoic Wise Man", in *Rhetoric Society Quarterly* 33.4(2003), pp. 25−41.

③ Ibid. , pp. 25−26.

④ Michael Winterbottom, " Quintilian and the Vir Bonus", in *The Journal of Roman Studie*, Vol. 54, Parts 1 and 2 (1964), pp. 90−97.

⑤ Michael Winterbottom, "Quintilian and the Vir Bonus", p. 92.

并不是重复西塞罗有关道德(Moram)与演说术关系的旧观念,而是受到了塔西佗《关于演说家的对话》的影响。在列举了以鲁弗斯(Publius Suillius Rufus)、多密图斯(Domitus After)和克拉苏斯(Crassus)的一系列帝政时期演说家的事迹和演说技巧之后,塔西佗认为,这些新型的演说家并不关心道德与口才的关系,也不借用道德规范来说服他人,遂从演说家转化为"谗言家"(Delator)。① 温特波顿表示,昆体良与塔西佗生活年代相距不远,并多次对上述"谗言家"的演说术技术进行了评述。因此,尽管他并未和塔西佗一样,将"谗言家"的名号赠与这些演说家,但他同样感受到这些演说家所带来的双重挑战:他们对演说术伦理道德关怀的忽视,动摇了帝国政治秩序的道德根基;而他们强调语言技巧本身和演说者自身组织言辞的天赋,忽视传统演说规则,则对古罗马修辞学体系和修辞教育本身提出了挑战。

上述观点尽管各有侧重,却勾勒了昆体良"好人"概念所面临的思想史和文化-政治语境。昆体良首先必须面对的是兴起于希腊化时代晚期,在罗马帝政时期产生巨大影响的廊下派哲学思潮,后者代替了西塞罗的学院派哲学,成为罗马帝政时期经久不衰的哲学传统,并深度卷入罗马帝国时期政治和道德规范的构造。与此同时,他必须面对宫廷政治语境下,公共政治辩论的式微,以及这种式微所导致的说服技术与政治-道德规范的分离。鉴于此,本文并不选择昆体良在《论演说术原理》第十二卷对"理想演说家"描述中所使用的"好人"概念,而是选用了该书第一卷1.15-21的论述,由此思考昆体良"好人"概念与上述两种思潮之间的张力。通过分析和解释这种张力,我们认为,昆体良并没有采用廊下派的"智者"概念,也对分离修辞术与罗马城邦道德观念的观点进行了批评,他仍然在略有修正的同时,延续了西塞罗将哲学家和修辞家视为一体两面的看法。而西塞罗对"好人"概念的使用,成为昆体良定义这一概念的前提。

二、好人与哲人:西塞罗的好人论

在昆体良对"好人"与演说家关系的论述中,这样一个前提得到了

---

① Michael Winterbottom, "Quintilian and the Vir Bonus", p. 90; Tacitus, *Agricola · Germania · Dialogus*, Cambridge: Harvard University Press, 1914, pp. 90-95.

鲜明的表达。昆体良指出:"正如西塞罗极为明确的论证所述,两门学科在本性上相互关联,而在义务上联系紧密,由此可以说,智慧和善辩所依赖的素质是相同的。"按照罗素(Donald A. Russell)的看法,这一判断来源于西塞罗的《论铺陈》(*De Inventione*)1.3.4 和 3.56-81。①值得注意的是,西塞罗的上述两处论述并未出现"好人"这个概念,而是更为关注"哲学家"与"演说家"之间的关系。在 1.3.4 中,西塞罗说道:

> 如此看来,那些精于学习修辞,却不怎么重视学习智慧(Sapientes)人,在管理城邦之事上,从自己和群氓的角度来看,似乎十分有能力。因此,毫无疑问,那些蛮勇和莽撞的人,凭借这一武器如虎添翼,更迅速地掌握了公共事务的管理权力,这对于此事绝非不无损害,而是像掌船的舵手一样,造成最大和最惨痛的海难。②

西塞罗在这里使用了柏拉图著作中的"舵手"比喻,将没有"智慧"的演说家比作莽撞掌舵的舵手,只会造成海难。这样一个比喻说明了西塞罗在哲学上与古希腊学院派(Academy/Academia)之间的传承关系。但是,在随后的一段话中,西塞罗实际上重塑了拉丁语"智慧"(Sapientes)对古希腊语"智慧"(Sophia)概念的转化,这种转化促成了古罗马修辞传统和外来的哲学传统之间的重新结合。他在评论加图和阿非利加等人对修辞学的掌握时说:

> 加图,以及阿非利加,确实还得算上格拉古兄弟,他们在众人之中,属于德性完满之辈,而这种德性的完满时时增益其权威(Auctoritas),能言善辩增益其品质,并能使他们有效承担公共事务。③

在罗马政治体制中,"权威"一词不等于权力(Potesta),特指对罗

---

① Quintilian, *The Orator's Education* (Vol. 1), p. 58.

② Cicero, *On Invention. The Best Kind of Orator. Topics. A. Rhetorical Treatise*, Cambridge: Harvard University Press, 1949, p. 10.

③ 同上,页 52。

马政权存亡和扩张具有关键性贡献的人所具有的典范性政治影响力，它超越于具体的政治机构和权力网络，进而影响具体的政治进程和法律过程。① 后来，这种力量被体制化，为皇帝所独有。在西塞罗时期，以独裁者皇帝为唯一代表的权威体制尚未建立。因此，要想获得权威，就必须依靠完善德性引导下的政治行为，来展现有德者对公共事务的贡献。这里，西塞罗使用了"全德（德性上完满）"（Virtute Summa）这个词。考虑到上文中，他已经指出，掌握修辞术且不缺乏"蛮勇"（Audacia）的人，由于缺乏智慧，而让整个城邦陷入危机。这就暗示，"智慧"实际上是让人德性完满所必须具备的关键德性。换句话说，在西塞罗笔下，具有"智慧"既是人"德性"上圆满的前提，又是人正确使用演说术的前提。值得注意的是，西塞罗并没有说出"好人"（vir bonus）这个概念，而是把"德性完满的人"（Vir Virtute Summa）看作完善使用修辞术的前提条件。

更为值得留意的是，西塞罗又指出，演说术被充满智慧且道德完善的人使用，能够增加其权威。换句话说，演说术并非依赖智慧这种关键德性，使自身完满的人获得德性完满所必须的条件，而是增益其权威的某种能力或者技术。在接下来的一段话中，西塞罗说道：

> 我却以为，尽管人们在处理公共事务和私人事务时候，常常误用演说术，恰恰因为如此，更激发我们不能中断演说术的学习。而且为了免于共同体中好的（Bonorum）大多数人，因为坏人坐大，而可能受到损坏而毁灭，必须更为主动地使用演说术。②

由此，我们进一步发现西塞罗论述中的两个重要的观点。首先，德性完满的人之所以学习和使用演说术，并非为了自身德性的完善，而是为了防止坏人使用演说术去损害城邦中"好人"和"多数人"的利益。换句话说，西塞罗在这里仍然认为，演说术并非全德之人追求德性完善

---

① Philip Nemo, *Histoire des idées politiques dans l'Antiquité et au Moyen Age*, Paris: PUF, 2007, pp. 351; 381; 有关权威和权力的解释对当代政治哲学的影响，参阅 Giorgio Agamben, *State of Exception*, California: Stanford University Press, 2005, pp. 74 – 85。

② Cicero, *On Invention. The Best Kind of Orator. Topics. A Rhetorical Treatise*, p. 57.

所必须拥有的能力和技术,而是为了保护城邦中的"好人和大多数人"。也就是说,演说术与智慧不同,它是一种"德性完满之人"被迫掌握的德性或能力,而不是其追求德性完满所必需的某种核心德性。其次,西塞罗指出了"德性完满之人"和"好人"的差距:德性完满之人是掌握了演说术的好人中的突出者,他能够用言辞保护多数或单个的好人免于伤害,防御那些掌握了演说术的坏人。

从上面两段文字的分析中,我们得出这样的结论:西塞罗在《论演说家》第三卷1.3.4及前后的一系列分析中,将智慧看成保障一个人德性完满的必要的、本质的德性,而演说术作为一种技术,并不能造就一个人德性完满。相反,如果与德性败坏的人结合,它反而会引发败德者的恶,进而伤害到道德完善者,以及城邦中道德并不那么完善的好人(Bonorum)。乍看起来,演说术在道德完善者手里,是一种从坏人手里夺取权威的技术,这种技术背后所依赖的能力与人德性的良好和完美无关。但是,西塞罗的论述又包含着这样一种潜台词:如果德性完善之人不修炼演说术,不锻炼自己能言善辩的能力,那么坏人就会借助演说术,增加自己的权威,从而统治整个城邦,甚至导致整个城邦的德性完善之人和好人的生活处境恶化,进而危及城邦全体公民的生命。换言之,演说术捍卫了好人和德性完善的人追求自己道德完善的基础——一个好的城邦,由此成为保障人德性完善的基础。

实际上,西塞罗将演说家和有智慧的人看作两种并不重合的形象。由此,昆体良关于修辞学与哲学联系紧密的论断,至少在《论演说家》第三卷1.3.4没有得到体现。相反,在西塞罗那里,"能言善辩"(Eloquentia)作为一种德性,以及依赖这种德性而存在的技术——演说术,并不是使人德性变得完善的根本德性,而是一种"增益性的"德性或技术,它让德性完满的人变得更好,因为它能够使这种完满德性在政治共同体中让多数人和好人获得益处;演说术也可以让德性败坏的人变得更坏,因为,它让坏人轻易掌权,让德性完满的人、好人和多数人的生活方式乃至生命受到威胁。

但是,"智慧"显然与"善辩"并不是同一性质的德性。纵观西塞罗在1.3.4中的论述,我们发现,欠缺智慧的人在本质上绝对称不上好人,他具有能言善辩的能力,只会让城邦遭受灾难,让他的德性产生更坏的影响。这就意味着,智慧是保障其他德性的根本德性。但最有趣的地方在于,西塞罗认为,有智慧的人并不是天然能言善辩。因为,如果中断演说术的学习,有智慧且德性完满的人,也会屈服于没有智慧但能言善辩的人。换句话说,能言善辩是智慧所不能保障的一种德性,它反过来增益凭借智慧而获得完满德性的人的生活方式。

这样一个极其绕口的论述,让西塞罗面临着当代哲学家德里达(Jacques Derrida)经常得出的二难推理(Aporia):某种离事物本质最远的外在修饰,却成为事物得以存在的基础。在《文字学》(Grammatology)中,德里达试图将文字解释成作为保存意义却又让意义流失的二难性踪迹,而得以存在。① 在这里,西塞罗对演说术和善辩能力的分析,也遇到了相似的二难结构:演说术和能言善辩的能力被剔除出一切德性和完满智慧之外,却又成为守护这样一种德性和智慧的某种基础性能力。但演说术仅仅是德里达意义上的"增补"性技术吗? 如果不是,它又是怎样一种技术? 西塞罗在《论演说家》的第三卷中,通过卡拉苏斯(Crassus)的论述,进行了这样一番论述,试图找到这一问题的答案。

在第三卷 54 中,西塞罗通过卡拉苏斯区分了真的演说家(Vero Orator)和善道者(Rhetor),后者同样是"能任意综合使用一切演说能力,却在人格上不能把握,或不能理智上了解(intellegere)他所做的事情"的演说家。② 而前者是

> 在众人之中生活,耳濡目染间,所面对的材料,所探究的问题,所听的信息,所读的材料,所争论的事情,所处理的论点,都与人类中的生活(vita in hominium)有关。③

换句话说,真的演说家就是对自己所进行的演说术的本质,也就是"他所做的事情"有着"理智上的理解,并且在人格上能够把握"。而西塞罗认为,这种"所做的事情"就是"人类中的生活",即与城邦中的人打交道的生活。

因此,真的演说家必须满足三个条件:一、能言善辩;二、必须了解

---

① Jacques Derrida, *De La Grammatologie*, Paris:Minuit,1971, pp. 21-23;亦参 William Watkin, "Derrida's Limits:Aporias between ' Ousia and Grammē ' ", in *Derrida Today* 3. 1(2010), pp. 113-136.

② Cicero, *On Invention. The Best Kind of Orator. Topics. A. Rhetorical Treatises*, p. 57.

③ Cicero, *On Invention. The Best Kind of Orator. Topics. A. Rhetorical Treatises*, p. 59.

自己所言问题的实质,并且按照这一实质进行正确的判断和行动;三、必须用这些行动进行完美的政治生活,即"人类中的生活"。① 也就是说,在西塞罗心目中,最伟大的演说家应该兼任三重角色:伟大的演说家、伟大的哲学家和伟大的政治家。西塞罗表示,早在古希腊的《荷马史诗》中,这样一种演说家的标准就已经树立,他引用英雄阿喀琉斯父亲佩卢斯对他的教诲,要让他成为"既善言,又善行"(oratorem verborum actoremque rerum)的人,②而在随后的古希腊历史中,由于学科的分工和人的自然秉性的差异,原初言行一致的演说家,分成了两支:第一支专注于在政治生活中展示良好行动,并用优良的言辞辅助这种行动,由此获得政治生活的成功。西塞罗指出,这类演说家有雅典著名的将军蒂米斯托克利斯(Timestocles)和雅典民主政治时期的伟大政治家伯利克勒斯等人;另一类演说家,并不直接用自己的说服技术进行政治行动的辅助,而是努力教给别人从事政治活动所必需的演说技巧,西塞罗直接把这种演说的技巧称为"智慧"(Sapientes)。

　　细读西塞罗以上的论述,我们会发现,在他所谓荷马时代的"理想演说家"中,"智慧"并未占据一席之地,直到专注于政治实践的演说家和教授演说技巧的演说家出现时,"智慧"这个词才作为演说技巧和原理的近义词出现。这就导致一个问题,难道"智慧"在原初的演说家那里不存在? 如果仔细思考此问题,我们就会发现,西塞罗的上述论述暗示:正因为与阿基硫斯这一古希腊的完美英雄的言行保持一致,且同样完美,智慧已经完全融化到演说家自身的行动中。③ 所以,在荷马史诗时期的理想演说家中,"智慧"这样一种德性,无法作为一种既存的单一德性得到呈现。只有在演说术实践与演说术原理和技巧的讲授分开时,"智慧"作为演说术技巧的同义词才会出现。

　　但是,卡拉苏斯随后指出,在苏格拉底出现之后,这种"智慧"和"行动"的分离,又在古希腊社会再一次得到了统一,他这样写道:

　　　　有些人……嘲笑和看不起操练说话之道,他们中首要的人物
　　　是苏格拉底,他被视为全希腊最为博通之人,这不仅是因为他的智

---

① Cicero, *On Invention. The Best Kind of Orator. Topics. A. Rhetorical Treatises*, p. 59.

② 同上, p. 61。

③ 同上, p. 61。

慧、洞察力、魅力和敏慧,也是因为他能言善辩,说话方式变化多端,而且词汇丰富,这让他在所有的谈话中能轻易地折服其他人。①

卡拉苏斯把苏格拉底看作既懂"智慧",又能够完全用这一智慧进行城邦中的论说活动的人。与《荷马史诗》中的理想演说家不同,苏格拉底这样的演说家并不简单将自己的智慧"融化于"优越的行动中,而是将所有的语言和行动置于"智慧"的考查之下。换句话说,从苏格拉底开始,演说术的优越性不再体现为行动和语言的一致,而是体现为语言与行动在智慧之中的统一。

这种统一造成的结果是,哲学传统被看作修辞学传统中的一部分,而且是修辞学传统中的核心部分,这是把苏格拉底塑造为"反修辞的修辞学大师"导致的必然结果。从上文中,我们已经知道,在古典希腊城邦中,哲学家和教授修辞术的智术师有着界限分明的对立。哲学家所拥有的智慧,是一种反修辞术的智慧,这一智慧是一种普遍、正义和完美的知识体系,而智术师所拥有的修辞术,则是颠覆和反抗这种普遍正义规范,强调语言运用的即兴和特殊方式。但是,西塞罗对哲学传统的重新表述,却将这一传统转化为更为本源的修辞学传统:苏格拉底的智慧超群,使得他的辩论和演说,不仅能赢得表面上的胜利,而且能赢得普遍的真理、正义和善。而且,就因为这一善、真理和正义,苏格拉底的辩论和演说才能在政治生活中产生更好的影响。

西塞罗将哲学传统转化为修辞学传统的一部分,有着自己的深意。在亚里士多德体系中,修辞学受哲学体系统摄,但仅仅被视为用于哲学论证的三段论技术在社会政治领域的不完善应用。西塞罗虽然在修辞学原理的研究中,借鉴了亚里士多德的看法,但在对修辞学本质的论述上,则借鉴了苏格拉底和柏拉图的学院派传统。在他看来,哲学的核心并非如亚里士多德所说的那样,是探索万物自然本性的努力,而是通过这种探索,让哲学家掌握理解和运用自然和城邦的统治规律,从而成为"哲人王"的努力。这使得西塞罗认为,理想的哲人和理想的修辞学家必须合二为一。

---

① Cicero, *On Invention · The Best Kind of Orator · Topics*:*A. Rhetorical Treatises*, p. 63.

这也让西塞罗把修辞学的智慧等同于哲学的智慧,进而将哲学智慧的表达,即所谓的哲学论证,看作最高的修辞学论证。只有在哲学家那里,修辞学的说服才能是普遍善的和有效的,而哲学家完善德性和智慧的显现,则只能通过修辞学技术。只有在伟大修辞学家也成为伟大的哲人时,西塞罗心目中的哲学家才是真正的"好人"。

三、"好人"标准的下降:昆体良对西塞罗好人论的修正

那么,西塞罗的"好人"概念是不是获得了昆体良的认同呢?答案是否定的,《论演说术原理》的几个方面体现了昆体良对西塞罗修辞学德性论的放弃。首先,我们发现,昆体良在《论演说术原理》开篇,明显割裂了演说家与哲学的关系。他认为,哲学家并非城邦道德风俗的真正捍卫者和典范:

> 我不认为,要把握让生命正直、高尚和有道德的原则,需要向哲学家学习。能履行公民的职责,方便地管理公家和私人的事务,辅助城邦的运行,奠定法律的基础,并对眼前的政治形势进行自己的判断,只有演说家才能胜任这件事情。①

随后,他表面上似乎承认了西塞罗的看法,哲学和演说术是同一门学科。但是,他话锋一转,指出这两门学科实际上分道扬镳已久。原因在于,许多演说家受到金钱的诱惑,导致了道德的败坏,所以不再具有正直的心灵。而对改变现实政治失望的哲学家,则只关心自身如何脱离不义的现实城邦,独善其身,因此无法把自己的良善品质和道德塑造的方略,传达给普通民众。更有甚者,许多不义之徒以"忧郁的表情"作为伪装,来掩盖自己违背城邦习俗道德的不义行为。②

昆体良的这一反应,实际上体现了古罗马帝政时期修辞学使用领域的缩小和影响力的衰弱。随着皇帝专制的加强和元老院的架空,古典修辞学作为政治论辩技术的作用越来越小。与此同时,共和末期兴

---

① Quintilian, *The Orator's Education* (Vol.1), p.58.

② 同上,p.60。

盛的哲学也被剥夺了政治教育的功能,西塞罗奉行的柏拉图学院派哲学丧失了信仰基础,而廊下派、犬儒主义和伊壁鸠鲁学派由于具有解决个人生存境遇的准宗教色彩,反而成为苦于上层政治斗争和帝政专制的知识分子心灵的避风港,逃避了捍卫城邦的道德和政治责任。因此,哲学家从西塞罗心目中的政治教师,转化为昆体良眼中消极避世、面目可憎的"怪人"。

虽然修辞学在政治领域中的作用失势,但是,帝国外省官僚的日常公务,日益繁复的法律诉讼成为修辞学展现能力的另一舞台。在这一舞台中,遵守法律和社会日常伦理规范,熟悉民情,能言善辩者,成为掌握修辞技术的新一代演说家背后的贵族。由于这些演说家大多出身普通自由民,只能担任修辞学教师、普通律师和帝国官僚,不掌握帝国的核心权力,不需要进行立法和重大政治决策,使得他们不再关心学院派哲学对政治本质的反思,而哲学家的道德教育,因为其"素隐怪行"也丧失了公信力。这些修辞学家反而更相信罗马法的规定和帝国普通民众的道德规约为约定俗成之物,不需要进行深入反思,修辞学技术足以为这些法条和规约辩护,并辅助自由民完成自己的法律和道德责任。因此,昆体良实际上修正了西塞罗的"好人"标准。他认为,像哲学家那样,不断用智慧来检验自己的言辞和行动的理想演说家,在现实中不可能存在。

而在《论演说术原理》的第三卷中,昆体良进一步通过驳斥西塞罗关于修辞学起源的论述,修正西塞罗式"好人"概念。在这一卷中,昆体良指出,西塞罗在《论演说家》中认为,演说术诞生于城邦处于危险之际,有着政治智慧的演说家依靠自己的善辩能力,捍卫城邦于危亡的时刻,演说术才诞生。易言之,在西塞罗看来,严格的演说术必须是讨论政治问题的言辞。但是,昆体良反对西塞罗的意见,他举例说,为什么演说术必须是政治防御中才出现,而不能是缔结和约才出现呢?显然,西塞罗过窄地界定了演说术的起源。昆体良指出,演说术起源于人善于使用语言的天性:

> 一旦自然赋予人说话的能力,我们就能看到这门技术的发端;就像医学一样,一旦发现一些对身体有好处的东西,和一些对身体有害的东西,让上述观察产生效用就是医学的发端。演说术也一样,人们在说话的时候,发现一些话有用,另一些话没有用,他们熟

记并模仿这些有用的说话方式,并将这些原则运用到其他场合。随后,便有人将自己的所知教授给他人。①

通过将演说术的起源奠基于人会说话这一自然本性,昆体良不再把演说术看作根源于人政治能力的一门学科。这意味着,昆体良也放弃了西塞罗心目中理想演说家等同于哲学家的标准。因为,在西塞罗的心目中,唯一能够判断和保障演说家成为捍卫城邦道德的好人的能力,就是哲学家的智慧。这就导致了一个巨大的问题,在抛弃了演说术的政治属性之后,昆体良如何保障演说家是一个"好人"?

昆体良对修辞术起源的论述,起始于将修辞术比作医术。相对哲学而言,昆体良心目中的医学并非一种理解万物背后普遍真理的学问,而是一门依赖于具体实践效果的模拟性拓展而产生的经验性知识。② 也就是说,在昆体良看来,演说术的发展完全是人说话这种特殊的自然能力和具体社会处境所赋予经验的结合,而演说家的政治能力和道德德性,并不能影响修辞术实践作为一门技术的有效性差异。这就导致,西塞罗试图化解的问题,在昆体良的修辞学理论体系中重新浮现出来:修辞技术非常好的人,不一定能用修辞学为保障和增益城邦的法律-道德规范做出贡献,甚至会对这一道德规范产生反作用。

而据说和昆体良有所交集的塔西佗在《关于演说家的对话》中,已经呈现出将修辞学技术化之后所产生的政治危机。塔西佗发现,在帝政时期占优势的演说家,并不是昆体良和其老师阿福尔那样的传统演说家,而是依靠其能言善道的功夫,在帝王面前呼风唤雨的谗言家(Delator)。后者为皇帝信任,掌握了真正的政治权力。这些谗言家几乎不相信修辞学需要按照特定的原理进行教授,而是完全依赖天分(ingenii)、诉讼和政治实践来增长自己的演说技巧。因此,温特伯顿认为:"我试图指出,昆体良像柏拉图那样,通过列举他自己的所见所闻,坚持修辞学的道德功能这一观点。"③对此,我反而有所怀疑,值得注意

① Quintilian, *The Orator's Education* (Vol. 2), Cambridge: Harvard University Press, 2001, p. 20.
② Quintilian, *The Orator's Education* (Vol. 2), p. 22.
③ Michael Winterbottom, "Quintilian and the Vir Bonus", p. 96.

的是,昆体良在论述修辞学起源之后,说出这样一番话:

> 那些没有城邦和法律的蛮族,也有人可以在法律事务上有所作为,进行控诉和辩护,而人们都相信,一些人是比其他人更好的演说家。①

这自然让人联想到塔西佗在《日耳曼尼亚志》中,对蛮族道德的夸赞和对罗马社会的批判。昆体良似乎和塔西佗一样,对罗马政体具有道德和法律上的优越性产生了怀疑。② 这自然与昆体良行省自由民出身有关,而罗马帝国与西部蛮族的战争,也许不止对深度观察日耳曼部落的塔西佗产生了影响,也附带加深了同时代罗马帝国知识分子对罗马法律政治制度和道德风俗优越感的怀疑。因此,昆体良其实与自己和塔西佗所控诉的谗言者一样,不再将政治道德实践看作修辞学的起源,也不再将修辞学的基础奠基于对城邦道德规范的辅助和捍卫上。

但是,昆体良却由此进一步抛弃了修辞术与哲学的亲缘关系,从而架空了西塞罗将完美的修辞家等同于哲学家的看法。从上文中,我们知道,昆体良继承了西塞罗修辞哲学同源论的看法。但是,在这表象之下,昆体良却不承认同时代的任何哲学家能够作为合格的道德导师,而修辞学家却可以代替这个任务。这意味着,昆体良至少认为,哲学作为一种探索普遍真理的学术,并不能在实践层面上保障演说家行为和人格的绝对正义和完善。在论述修辞术的起源时,昆体良进一步阻断了哲学对修辞学的指导和统摄作用。在西塞罗心目中,哲学追求的智慧(具体到西塞罗那里,是政治实践的智慧)和修辞学的基本规律是内容和形式的关系,而且,智慧主导和规定了修辞本身的正当性和完善性。但是,通过将修辞学比作医学,昆体良把修辞术转化为一种立足于天赋和经验的知识。在他看来,天赋不等于个体追求无条件的普遍性知识的渴望,而只是他本性所具有的特定能力。这意味着,通过抛弃修辞学和哲学的联系,昆体良和当时所有的修辞学家一样,将修辞学看作一种基于人特定天赋能力的技术,而不是应用哲学知识为政治事务服务的

---

① Quintilian, *The Orator's Education* (Vol. 2), p. 23.
② 除了原著之外,相关研究可参里克,《塔西佗的教诲——与自由在罗马的衰落》,上海:华东师范大学出版社,2011。

能力。

然而,昆体良又不可能彻底抛弃修辞学与罗马帝国公民道德规范的关系:首先,作为一种说服技术,诉诸道德(Moram/Ethos)已经成为修辞学最重要的说服技巧之一,昆体良不可能舍弃这一技巧,而论述其修辞学体系。其次,昆体良本人对西塞罗的修辞学贡献十分景仰,而十分厌恶修辞家占据高位却败坏了罗马共和末期残存的政治道德风貌。与此同时,共和思潮在帝政早期仍有市场,因为元老院虽然名存实亡,但广大知识分子却通过学习古希腊哲学、修辞学经典以及加图、西塞罗等人的哲学著作,在心目中建构出一个理想的共和政体形象。塔西佗可能是昆体良学生,他就是帝政时期仍然心怀共和理想的知识分子之一。因此,昆体良虽为明哲保身而远离政治,却仍在《演说术原理》的前三卷强调修辞学家对维护道德风纪的作用,并在本书最后塑造了一个道德高尚的"好人"演说家形象,作为所有修辞学教育者心中的典范目标,这显然有着暗自针砭时弊的初衷。

最后,昆体良仍然坚持修辞学教育的道德标准,有着维护自身修辞学学校的利益考虑:如果彻底承认修辞学教育只需要天分和实践经验,演说术就在某种程度上变成一门不可教的学问,这将对大量修辞学教师的职业生涯造成毁灭性的打击,并让罗马普通自由民追随私人教师,而放弃公共学校教育。从《论演说术原理》前三卷看,昆体良是倡导学校教育的演说家,而学校教育对知识的教授包含两个隐含的前提:一、存在一门有一定规律的知识;二、这门知识可以在忽略天赋差异的前提下,通过对知识规律的讲授让所有学生受益。① 如果简单将修辞术看作一门依赖天分和模拟性应用经验的技术,昆体良所事职业的存在意义也就被抹杀,他和同类修辞学教师的生存价值就会消失。

当然,我们不能由此将昆体良看作一个兜售修辞学教育手册的"民办教育集团总裁",他真诚地相信修辞学对社会风教和法律规范的积极作用,不愿意堕落为"谗言家",依靠巧言令色变乱政治秩序,并保全生命。这体现了古罗马修辞学教育对人格塑造的巨大作用。但是,在公共政治辩论不再成为政治决策和维护政治秩序的主导力量时,他现实地阻断了修辞学与政治哲学过于密切的联系,却在民政和法律领域有效地保存了修辞学的力量,将之转化为一种有效培养帝国行政官

---

① Quintilian, *The Orator's Education* (Vol. 1), pp. 82-96.

僚、律师和自由民知识分子的公民科学——经历这一修辞学教育而产生的人才一样能维护社会的道德规范,且不会堕落为古希腊的智术师和当时盛行的"谗言家"。只是与西塞罗不同,他们无需反思道德-法律规范的本质,并将这种反思运用到自己的政治实践之中。毕竟,在广袤的帝国领土中,个人政治辩论的力量相对于共和时期的元老院和公民会议,已经被稀释,人们只需要知其然,而不需知其所以然,便能有效地行动起来。

老、庄的治民思想

——质朴之道的治理关怀

曾海军 *

（四川大学哲学系）

摘　要： 老子"常使民无知无欲"的主张有其道论的根源，道之"质朴"尤其能表征出大道的特征，这可以在"反者，道之动"的意蕴中获得印证。"无知无欲"是质朴之道落实在政治领域的表现，由此使得"民心不乱"而主张"为无为，则无不治"。庄子塑造出"吸风饮露"的人物形象，在根本上同样延续了这种治理关怀。

关键词： 民　无知无欲　老子　庄子

老子所表达"使民无知无欲"的思想主张，常常是令其深受现代人诟病的一个重要方面。其实，老子的思想高度全赖其极具形上品格的"道"论所赋予，无论是"道"之质朴或无为，"道法自然"落实到"民"的方面，"无知无欲"顺理成章而并不突兀。这一思想主张本身并没有权谋论的意思，更没有"愚民"的内涵。说起来，"使民无知无欲"，也只是老子"不尚贤"、"不贵难得之货"、"不见可欲"之类的思想主张当中的一个部分。"为无为，则无不治"，从"道"的形上品格落实到政治领域的思想主张，这里面具有清晰一贯的思想脉络，没有什么见不得人之处。不过，老子既然直接对"民"表达出了这一思想主张，不妨专门探讨一下将"民"定位在"无知无欲"层面上究竟意味着什么。

一、质 朴 之 道

《老子》开篇声称"道可道，非常道"（第一章。本文凡引《老子》，

---

* 作者简介：曾海军（1976—　），男，湖南平江人，哲学博士，四川大学公共管理学院哲学系副教授，主要研究晚周诸子哲学和汉唐经学。

仅注篇名),摆明了这"道"是不好懂的。不过,现代学人一直以来对老子的"道"保持着高度的关注,似乎要是不谈"道",都不好意思说是在研究老子。研究"道"诚然没错,作者想要阐明"使民无知无欲",也不能不从"道"论起。老子论"道",思想颇丰,尤其是对"道"的描述,内容尤其繁多。但围绕老子的"道"研究,一直以来就陷入种种根本性的定位之争。比如之前充满意识形态的唯物论与唯心论,后来则是宇宙生成论与本源论,甚至是实体论与观念论等等,都是针锋相对的争论。之所以出现这种局面,一方面固然是运用西方哲学的框架进行分析所造成的水土不服,更重要的还是老子本身的"道"论思想特色所决定。试例举一二说明之:

> 道生一,一生二,二生三,三生万物。万物负阴而抱阳,冲气以为和。(第四十二章)
>
> 道者万物之奥。(第六十二章)
>
> 道冲而用之或不盈,渊兮似万物之宗。挫其锐,解其纷,和其光,同其尘。湛兮似或存,吾不知谁之子,象帝之先。(第四章)
>
> 有物混成,先天地生,寂兮寥兮,独立而不改,周行而不殆,可以为天下母。吾不知其名,字之曰道,强为之名曰大。(第二十五章)

老子对"道"的这种直接描述,在五千言中还能找出不少来,此处不一一列举。此处所言"道生一",与下文所论"天下万物生于有,有生于无",像是给唯心论提供证据。但"有物混成"、"湛兮,似或存",又像是唯物的论调。"道生一,一生二,二生三,三生万物",这实在是太明显的宇宙生成论叙说,可"象帝之先"或"为天地母",也可能只是表达一种本源之义。至于"道"究竟只是一种最高的实体,还是提取出来的最高观念,也很轻易从《老子》文本中找到各自的论据。这要是用西学的眼光来打量,则老子的"道"论思想明明就是充满着模糊性和不确定性。运用西学的框架分析老子的"道",尽管有诸多的不适应症,倒也未必完全无助于厘清某些思想脉络。但总体而言,对于理解老子本身的"道"论思想,作用还是有限的。老子反复强调"道常无名"(第三十二章)或"道隐无名"(第四十一章),讨论老子的"道"究竟唯物还是唯心,或者实体还是观念,这简直是背"道"而驰了。与其用西学的观念把捉老子的"道"究竟是什么,不如舍弃这些观念框架来体会老子论"道"的用心是什么。

实际上,老子面对周衰文弊主张复返质朴之性,为此将"朴"或"素"提升为万物的原初状态,同时这种状态具备一种复返的力量。兼具这种原初状态与复返力量未必能穷尽老子所提"道"之意义,但亦相差不远矣。老子论"道"在很大程度上都倚重于"质朴"这一内涵,当在否定层面上论"道"时,所谓

> 视之不见,名曰夷;听之不闻,名曰希;搏之不得,名曰微。(第十四章)

"道"总是显示出更丰富的可能性。但在肯定的层面上描述"道"时,

> 道之为物,惟恍惟惚。惚兮恍兮,其中有象;恍兮惚兮,其中有物。窈兮冥兮,其中有精;其精甚真,其中有信。(第二十一章)

这些均离不开一种原初的质朴之象。可见,质朴之道或可得老子"道"论之真义,这正是阐明道家之"常使民无知无欲"(第三章)的理论根基。

面对晚周时期由"礼坏乐崩"所导致社会中种种污浊、僵化的乱象,如何反动于这一周衰文弊,便是包括老子在内的诸子所共同面对的挑战,而反动得最为彻底的莫过于老子提出的复返质朴之道。尽管周衰文弊是晚周诸子共同的时代背景,但诸子眼中看到的衰弊景象并不尽然相同。在《老子》一书中,名言警句式的精炼文本很难读到对时代背景的记述,而只能从只言片语中寻找蛛丝马迹。仔细看来,对于晚周乱世的"文弊"情形还是有所透露的,比如:

> 天下多忌讳,而民弥贫;民多利器,国家滋昏;人多伎巧,奇物滋起;法令滋彰,盗贼多有。(第五十七章)

"多忌讳""多利器""多伎巧"都是衰乱之世容易滋生的现象,尤其是"法令滋彰"更是成为一个时世积弊难返的代名词。"五色令人目

盲,五音令人耳聋,五味令人口爽,驰骋畋猎令人心发狂,难得之货令人行妨"(第十二章),显示出对放纵耳目口鼻之欲的洞察,这也是乱世失范所常见的现象。"天下无道,戎马生于郊"(第四十六章),则透露出战乱频繁、民不聊生的信息,马尚且如此,更何况普通百姓。这就是《韩非子》所谓的:

> 人君者无道,则内暴虐其民,而外侵欺其邻国。内暴虐则民产绝,外侵欺则兵数起。民产绝则畜生少,兵数起则士卒尽。畜生少则戎马乏,士卒尽则军危殆。戎马乏则将马出,军危殆则近臣役。(《解老》)

《老子》中还有一章更能集中反映出衰弊的景象,只不过不是太好懂。其云:

> 使我介然有知,行于大道,唯施是畏。大道甚夷,而民好径。朝甚除,田甚芜,仓甚虚。服文彩,带利剑,厌饮食,财货有余,是谓盗夸。非道也哉!(第五十三章)

根据帛书本的校对,"使我介然有知"当作"使我挈有知","挈"引申为掌握的意思。① "施"读为"迤",邪也。"朝甚除"之"除"借为"污",而非除治之意。② "盗夸"之意更为难解,歧见甚多。对于这一章,《韩非子》倒是有比较详细的解释:

> 书之所谓大道也者,端道也。所谓貌施也者,邪道也。所谓径大也者,佳丽也。佳丽也者,邪道之分也。朝甚除也者,狱讼繁也。狱讼繁则田荒,田荒则府仓虚,府仓虚则国贫,国贫而民俗淫侈,民俗淫侈则衣食之业绝,衣食之业绝则民不得无饰巧诈,饰巧诈则知采文,知采文之谓服文采。狱讼繁,仓廪虚,而有以淫侈为俗,则国之伤也,若以利剑刺之,故曰:"带利剑。"诸夫饰智故以至于伤国者,其私家必富;私家必富,故曰:"资货有余。"国有若是者,则愚

---

① 高明,《帛书老子校注》,北京:中华书局,1996,页80。
② 朱谦之,《老子校释》,北京:中华书局,1984,页210、212。

民不得无术而效之,效之则小盗生。由是观之,大奸作则小盗随,大奸唱则小盗和。竽也者,五声之长者也,故竽先则钟瑟皆随,竽唱则诸乐皆和。今大奸作则俗之民唱,俗之民唱则小盗必和,故"服文采,带利剑,厌饮食,而资货有余者,是之谓盗竽矣"(《韩非子·解老》)。

"貌施"照应"唯施是畏","貌"是饰巧诈之意,"佳丽"谓"服文采",①"朝甚除"则是因"狱讼繁","犹言民之狱讼繁多,官吏忙于审讯,官府污秽肮脏"。② 韩非解"盗竽"之"竽"为乐器,于省吾以为"误矣"。他认为读作"盗竽"不错,但"盗"又得读为"诞","诞迂"亦即诞誇之事。③ 此解于义似乎比较通顺,但忽视了韩非对于"盗竽"做"小盗唱和"的充分阐述,从"国有若是者"到最后,都是在释此义。这比起简单斥责为"诞誇之事"而言,要显得意味深长得多。总之,此章比较集中地刻画了衰弊之世的景象,狱繁、田荒、仓虚、淫侈、巧诈、饰智等等,可谓乱象丛生。乱世之中必有投机者,如近世汉奸之类,"大奸唱则小盗和",整个社会的失序和堕落,必有上行而下效者,此即"盗竽"之意,而并非只是荒诞而已。加上前文所言法令滋彰、战乱频繁之类,周衰文弊之情形已有大体呈现。

面对时世衰弊如此,老子以为是"祸莫大于不知足,咎莫大于欲得"(第四十六章),而主张"为腹不为目,故去彼取此"(第十二章)。王弼注云"为腹者以物养己,为目者以物役己",④强调不为外物所役,亦即不为欲望所牵引。通俗地说,如蒋锡昌所言,"'为腹'即为无欲之生活,'不为目'即不为多欲之生活"。⑤ 因此,总结起来看,前言祸咎在于欲壑难填,后言去多欲("彼")而取无欲("此"),

> 故圣人云,我无为而民自化,我好静而民自正,我无事而民自富,我无欲而民自朴。(第五十七章)

---

① 王先谦,《韩非子集解》,北京:中华书局,1998,页153。

② 高明,《帛书老子校注》,前揭,页82。

③ 朱谦之,《老子校释》,前揭,页213-214。

④ 楼宇烈,《老子道德经注校释》,北京:中华书局,2008,页28。

⑤ 高明,《帛书老子校注》,前揭,页275。

　　看起来,老子就是主张"无欲"而已,似乎并没有什么过人之处。可老子注重的是"民自朴",去欲是为了将"朴"显现出来。由时世的衰弊而洞悉出物欲横流之后,如何提出一种去欲的主张呢?满足欲望是不需要理由的,有欲望本身在牵引着,但去欲的主张是需要理由的,而且需要强大的力量去推动。在老子看来,这种强大的力量就是人性之"朴"。

　　"朴(樸)",《说文》谓"木素也,从木菐声",而"素"是指"白致缯也",即没染色的丝绸。可见,"朴"的本义是指没有经过加工的树木,王充所谓"无刀斧之断者谓之朴"(《论衡·量知》)是也。老子用"朴"正是指人性的质朴状态,他以"复归于朴"与"复归于婴儿"并列即可见一斑。其云:

> 知其雄,守其雌,为天下谿。为天下谿,常德不离,复归于婴儿。知其白,守其黑,为天下式。为天下式,常德不忒,复归于无极。知其荣,守其辱,为天下谷。为天下谷,常德乃足,复归于朴。朴散则为器,圣人用之则为官长。故大制不割。(第二十八章)

　　关于此章,历来注解分歧颇多。近人多以"为天下式,常德不忒,复归于无极"与另外两句意不伦,为后人所篡改。帛书本则颠倒"复归于无极"和"复归于朴"两句的顺序,这比较符合现代学人以"无极"高于"朴"的想法。但问题在于,"复归于朴"后紧接"朴散则为器",明显衔接流畅,到"大制不割"都是就着"朴"而言。可见,"朴"才是本章要落实的中心意思。"婴儿纯真无欲,乃为人之本原。无彫无凿之朴,乃为木之本原。"[1]这里解读为"木之本原"恐怕不准确,老子只是借以表达本原之义。

　　王弼谓"此三者,言常反终,后乃德全其所处也",[2]无论"婴儿""无极"还是"朴",都是描述要复返的那个"终"。老子在另一章将道描述为"敦兮其若朴,旷兮其若谷"(第十五章)云云,是在"敦"的意义上描述为"朴"。"敦"有厚或实之象,而"旷"恰恰是空或虚之象,因此分别用"朴"和"谷"况之。与"婴儿"和"无极"相比,前者过于具象,后

---

[1]　高明,《帛书老子校注》,前揭,页375。

[2]　楼宇烈,《老子道德经注校释》,前揭,页74。

者过于虚化，"朴"则比较合适。即是说，"朴"有厚实之象但又不具体，以其未经雕凿的原生样态来表征一种本原之象。"朴散则为器"者，万物殊类，裁而治之，无不假借雕凿之工，然"大制不割"，最高明的裁治乃不裁而治，以其原皆出于"朴"也。王弼谓"朴，真也。真散则百行出，殊类生，若器也"，①直接以"真"释"朴"，符合王弼这种寻绎义理的做法。

不错，"朴"作为一种本原的表征，同时也就是一种最真实的状态。最真实就意味着最值得追求，或者说最有力量推动着去追求。在老子的思想脉络中，"朴"就是这样一种有力量的本原，返朴归真是万物纷纭的必然趋势。因此，面对周衰文弊中充斥着的物欲横流，老子提出的思想主张是"见素抱朴，少私寡欲"。其文如下：

> 绝圣弃智，民利百倍；绝仁弃义，民复孝慈；绝巧弃利，盗贼无有。此三者，以为文不足，故令有所属，见素抱朴，少私寡欲。（第十九章）

圣智、仁义、巧利，在老子眼中，无一不是文弊之象，故"以为文不足"。只有"复归于朴"，"常德乃足"，即此处"令有所属"之意。"见素抱朴"自然能"少私寡欲"，或者说只有"少私寡欲"才能"见素抱朴"，总之，"素"或者"朴"是制胜私欲的好法宝，亦是克服私欲的好去处。老子有曰：

> 道常无为而无不为，侯王若能守之，万物将自化。化而欲作，吾将镇之以无名之朴。无名之朴，夫亦将无欲。不欲以静，天下将自定。（第三十七章）

这一章与"万物并作，吾以观复。夫物芸芸，各复归其根。归根曰静，是谓复命"（第十六章）对着来看，"万物将自化。化而欲作"正是"万物并作"而纷纷芸芸之意。万物并作纷芸而贪欲蠢动之时镇以无名之朴，亦不过是观其复归其根、不欲以静的宿命。可见，老子的这种"镇之以无名之朴"是以"吾以观复"作为背景，亦即有"道"的根据在

---

① 楼宇烈，《老子道德经注校释》，前揭，页74。

里头。完全不会像《淮南子》那样搞成了权谋论：

> 武王问太公曰："寡人伐纣，天下是臣杀其主而下伐其上也，吾恐后世之用兵不休，斗争不已，为之奈何?"太公曰："甚善，王之问也! 夫未得兽者，唯恐其创之小也；已得之，唯恐伤肉之多也。王若欲久持之，则塞民于兑，道全为无用之事，烦扰之教。彼皆乐其业，供其情，昭昭而道冥冥。于是乃去其瞀而载之木，解其剑而带之笏。为三年之丧，令类不蕃。高辞卑让，使民不争。酒肉以通之，竽瑟以娱之，鬼神以畏之。繁文滋礼以弇其质，厚葬久丧以亶其家，含珠鳞施纶组以贫其财，深凿高垒以尽其力。家贫族少，虑患者贫。以此移风，可以持天下弗失。"故老子曰"化而欲作，吾将镇之以无名之朴"也。(《道应训》)

这就将"镇之以无名之朴"解读成了玩弄权柄的统治术，在很大程度上矮化了老子的思想境界。老子的"朴"是面对周衰文弊时期充斥着各种乱象而做出的思考，如王弼所注"朴，真也"，与老子所云"质真若渝"(第四十一章)相照应，"朴真"或"质真"都能说明，老子的致思是对种种淫侈、巧诈、饰智的反动而追寻一种真实，绝非是出于统治术。老子自文之弊而主张复返质朴的真实性，这种复返在老子的思想脉络中，具有"道"的根据性，是道本身的运作形态，即"反者，道之动"。

二、反者，道之动

对于"复"或者"归"的叙说，上文所提及的"复归于婴儿""复归于无极""复归于朴"以及"吾以观复""各复归其根"，已经将最关键的一些意思表达出来了。老子对"反"字虽用得不多，但"反"之意却是老子思想的核心要义，《老子》短短五千言却充满了对立双方复反之意的表达。老子云：

> 天下皆知美之为美，斯恶已；皆知善之为善，斯不善已。故有无相生，难易相成，长短相较，高下相倾，音声相和，前后相随。(第二章)

　　类似于这种对子在《老子》文本中可谓不胜枚举。"美"与"恶"、"善"与"不善",事物总是成对出现,如后面的"有无""难易"等等。老子当然不只是指出这种成对的现象,对于这种种对子,他论说的一个中心意思就是"反"。如果仅仅就"有无相生,难易相成"这一类论说而言,比较容易得出所谓对立双方相互转化的观点,一如"祸兮福之所倚,福兮祸之所伏"(第五十八章)所表达的那样。在这个意义上,"反"所表达的是向相反方向转化。

　　但实际上,如果进一步检视《老子》文本中所论更多的对子,就会发现有不一样的地方。比如:"曲则全,枉则直,洼则盈,敝则新,少则得,多则惑。"(第二十二章)在这些对子当中,由前者向后者转化是没问题的,但由后者向前者转化呢? 如果能转化,难道老子这话可以换成"全则曲,直则枉"这么说下去么? 可以肯定的是,"曲则全"是不可能表达为"全则曲"的,前者可谓古已有之,不是虚言,后者则闻所未闻。仔细阅读《老子》文本,其实不难发现,对立双方在老子这里,地位完全不一样。

　　前文所引"夫唯不争,故天下莫能与之争"中,"不争"与"争"之间显然不是相辅相成的关系,老子提倡"不争"已成思想史上的常识。在"不争"与"争"的对立双方中,老子是以"不争"为价值主张,而"争"则是要反对的负面价值。老子怎么可能说这两者之间是相辅相成的关系呢? 老子屡言"以其不争,故天下莫能与之争"(第六十六章)、"不争而善胜"(第七十三章)以及声称"圣人之道,为而不争"(第八十一章),主张"不尚贤,使民不争"(第三章)等等,都无可争辩地表明了这一价值立场。这种于对立双方取一面作为价值主张的做法,尤其强烈地表现在"强"与"弱"这一对子上。老子有言:

　　　　人之生也柔弱,其死也坚强。万物草木之生也柔脆,其死也枯槁。故坚强者死之徒,柔弱者生之徒。是以兵强则不胜,木强则兵。强大处下,柔弱处上。(第七十六章)

　　与"坚强"相比,这种对"柔弱"的偏爱溢于言表,对于"柔弱胜刚强"(第三十六章)的价值表达可谓毫无遮拦。老子曰:

　　　　天下莫柔弱于水,而攻坚强者莫之能胜,其无以易之。弱之胜

强,柔之胜刚,天下莫不知,莫能行。(第七十八章)

老子究竟是因水而领悟柔弱,还是因柔弱而偏爱水,这个恐怕没法说,但"水"这一意象确实与"柔之胜刚"这一思想主张高度吻合。老子声称"水"是"天下之至柔,驰骋天下之至坚"(第四十三章),依旧是在申言这一主张。"水"显然是老子所酷爱的意象,"上善若水"(第八章)可不是浪得虚名,其后谓"水善利万物而不争",与前言"不争"照应上了,"柔弱"与"不争"原来并无二致。不但如此,仔细考究老子所取各种对子中的价值面,无不与"柔弱"或"不争"高度相关。可见,前言"反"只是由一方向另一方转化,恐怕还可以进一步明确这其中的一方是与"柔弱"或"不争"相关。

根据上文所论,整个《老子》文本中涉及到的对子大概有这么几类,祸福相依与"难易相成,长短相较"等是一类,具有比较清楚的相互转化义;"曲则全,枉则直"等是一类,只是一方转化为另一方;"不争"与"争"或"弱"与"强"则又是一类,由"不争"而达到无不争,以及柔弱胜刚强,究竟是转化还是守住,恐怕还值得进一步推敲。比如"守柔曰强"(第五十二章)的关系,不是"柔"转化为了"强",而是守"柔"本身就意味着"强",所谓"柔弱胜刚强",是柔弱本身所包含的强大力量足以战胜刚强,如水之"驰骋天下之至坚"。"不争"与"争"亦是类似意思,是因"不争"本身可以达到无不争。在这个意义上,"柔"对"刚"或"不争"对"争"就不是转化,而是持守本身带来的结果。此时的"反"是"返回"或前言"复归"之意,即是说,"复返"才是《老子》文本中"反"最核心的含义。"返回"或"复归"于"柔"并持守"柔",以"柔"即可胜刚强,以"不争"即可无不争。这一"复返"之意,与前文所论"复归于朴"相照应,"反"之义显得相当关键,老子以为"道"之所动:

　　反者,道之动;弱者,道之用。天下万物生于有,有生于无。(第四十章)

人们往往赞颂老子提出"反者道之动"的思想主张,却有意无意地忽视紧接着的这句"弱者道之用"。根据上面的分析,老子之意显然不在于强调对立双方的相互转化,而是主张通过持守"弱"的一方来获得

"强"。既然对立双方中老子所取价值面的那一方，无不与"柔弱"或"不争"高度相关，那"弱者道之用"就显得顺理成章了。"弱"作为"反"的归宿处，"反"为道之所动而"弱"为道之所用。与"不争"相比，"弱"更接近"质"上的特征，"不争"也就是"弱"的一个方面而已。持守"柔弱"与复归"质朴"并无二致，用哲学的术语来说，"柔弱"只是属性，"质朴"更具本体意味，可见守柔也只是返朴。"反者道之动，弱者道之用"，万物莫不如此。于是，"万物并作，吾以观复。夫物芸芸，各复归其根"，其所复归之根，从具象上说似"婴儿"之初生，从抽象上说如"无极"之混沌，中而言之，"复归于朴"是也。

至于对立双方相互转化的问题，比如前文所言"曲则全"，其实理解为"曲"转化为"全"并非没有问题，尽管看起来似乎也说得通。这是由于，如果"曲"转化为"全"，则"全"亦转化为"曲"，"曲"与"全"之间的转化犹如祸福相依一样，则"强"与"弱"亦同，所有对子之间的关系亦同。应当说，祸福相依的道理确实是老子于饱览史书的历史感和饱经沧桑的现实感所深切洞悉出来的，但老子之意恐怕并非只是揭示出这一道理，而是基于这一道理提出他的应对之道。光是在祸福相依上做文章，不过是徒增幻灭感而已。老子思考的是，弱者总是想变强，而强者又想变得更强，却无法避免由强变弱的宿命，那么怎么才能打破这一宿命呢？老子的主张是"守柔"。在老子看来，正是"守柔"可以中断"柔弱"与"刚强"作为对立双方之间的相互转化。"守柔曰强"的意思是，不是通过由弱变强从而无法逃脱由强变弱的宿命，而是中断由弱变强的转化从而打破再由强变弱的宿命，这才是真正强大的表现。"弱"与"强"之间的关系如此，"曲"与"全"之间的关系亦同。老子对于所有对子之间的关系都是主张"复归于朴"，这才是"反者道之动"的旨归，亦是"质朴之道"可得老子"道"论之真义所在的缘由。

当然，在"反者，道之动；弱者，道之用"之后，紧接着的是"天下万物生于有，有生于无"，从哲学的观念来看，"有"与"无"显然比"强"与"弱"更为根本。不管质朴之道是怎样地惚兮恍兮、窈兮冥兮，总不免有些似是无象又有象的纠葛。这与道之无名而又强为之名还不太一样，强为之名在逻辑上倒并不尖锐地否定"无名"，而在无象与有象之间至少逻辑上不能并存。当然，逻辑并不能解决全部的现实性，常常就是在若有若无的边界上，逻辑会陷入到悖论中。因此，说是无象又似有、说是有象又似无的状态也并非全然不可想"象"。至于无形、无声、无色的描摹,相对更容易理解一些。

不过,无论老子如何以"无"来叙说这一质朴之道,以上所言无象、无名、无形、无声、无色等等,都像是虚晃一枪,最主要的却是为了论说"无为"。质朴的原初状态对治的就是周衰文弊之时的过分矫饰,经验告诉我们,相对于浓妆艳抹的伪饰,正是质朴无华的丽质显得异常珍贵。可以说,"质朴"本身具备一种对抗文饰的力量,去其珠光宝气、止其涂脂抹粉,素朴的天生丽质自然就会显露出来。对于"质朴"而言,无论以何种"无"来论说,"无为"才是最为核心的要义。相对于质朴之性,各种人为造作所导致的无非就是各种背离,"无为"既符合质朴的本性,同时也是复返质朴之性的良方。

"道"之功虽大,却始终以"无为"为指归,以至于万物皆赖之而生却全然不知:

> 大道泛兮,其可左右。万物恃之而生而不辞,功成不名有,衣被万物而不为主。常无欲,可名于小;万物归焉而不为主,可名为大。以其终不自为大,故能成其大。(第三十四章)
> 道生之,德畜之,物形之,势成之。是以万物莫不尊道而贵德。道之尊,德之贵,夫莫之命而常自然。故道生之,德畜之:长之、育之、亭之、毒之、养之、覆之。生而不有,为而不恃,长而不宰,是谓玄德。(第五十一章)

质朴之道"无为"如此,天地万物均不例外,无不具备这一"无为"的特征。其中首当其冲的便是天地:

> 希言自然。故飘风不终朝,骤雨不终日。孰为此者? 天地。天地尚不能久,而况于人乎? (第二十三章)

所谓"飘风""骤雨",并无一点人为造作之意,而只是一种"强"的征象。即便是出自"天地","强"都难以长久。强烈的飘风骤雨持久不了,在老子看来,这是天地亦不离"无为"的明证。既然质朴之道如此,天地尚不例外,更何况于人。于是,"是以圣人处无为之事,行不言之教"(第二章),或者是"以辅万物之自然,而不敢为"(第六十四章),老子最终是要以这一质朴之道为人和社会的行为方式提供可靠根据,而老子在这一根据义上强调得最多的就是"无为"。

三、无 知 无 欲

无论说老子是历览王朝兴亡,还是目睹民不聊生,对老子所起的作用都是一致的,这促使他从人为造作上退却下来。不管付诸怎样的作为来维持一个王朝的兴盛,都避免不了最终走向衰亡的命运。与此同时,晚周诸侯国为了壮大自己的势力,而相互间不断发动征战,这在老子的眼里,无非是导致民不聊生,也很少有哪些诸侯国就真正因此而壮大。这种人世间的兴起作为,在老子看来未免太过于造作,完全无助于避免厄运,甚至本身就导致了厄运。可以想象,老子原本作为周室史官,在流落民间之后,所到之处都是满目疮痍、生灵涂炭,这种人为作恶可能给他造成了强烈的冲击。由此,他从人为造作上退却下来,走上了一条质朴之道而主张"无为",所谓"处无为之事,行不言之教"(第二章)即是。在老子看来,人的兴起作为,就只会招致恶果。如前文所引:

> 天下多忌讳,而民弥贫;民多利器,国家滋昏;人多伎巧,奇物滋起;法令滋彰,盗贼多有。(第五十七章)
> 民之饥,以其上食税之多,是以饥。民之难治,以其上之有为,是以难治。民之轻死,以其求生之厚,是以轻死。(第七十五章)

如果只是根据对社会现实的观察,一般说来,人的种种作为,总是有好有坏。上至国家的政策措施,下至百姓的言行举止,很多方面会招致恶果,这是社会现实的状况。与此同时,也肯定有人会做出来所谓善言善行,老子当然不会意识不到。但他可以认为,人的这种为善的力量太微弱,并与作恶纠缠在一起,既制衡不了作恶,同时善恶力量的对抗又只会强化恶。更何况,善恶的分辨本身也太过于平常,或者就是说不及根本。最根本的做法莫过于复返质朴之道而主张"无为",因此老子声称:

> 不尚贤,使民不争;不贵难得之货,使民不为盗;不见可欲,使

> 民心不乱。是以圣人之治，虚其心，实其腹，弱其志，强其骨。常使民无知无欲。使夫知者不敢为也。为无为，则无不治。（第三章）

在以上所论质朴之道的背景下再将"使民无知无欲"完整地表达出来，不必再担心权谋或愚民之嫌。哪怕是那种似乎更"露骨"的言论，如

> 古之善为道者，非以明民，将以愚之。民之难治，以其智多。故以智治国，国之贼；不以智治国，国之福。（第六十五章）
> 将欲歙之，必固张之；将欲弱之，必固强之；将欲废之，必固兴之；将欲夺之，必固与之，是谓微明。（第三十六章）

置于质朴或无为之道的思想脉络之中，都不难理解其中的一贯性。接下来的问题是，就"民"而言，道家所主张的"无知无欲"与儒家所描述的"不可使知之"，相互之间有无可发明之处？这需要集中对"无知无欲"做出充分的阐明。前文所论围绕着老子的思想，后面不妨将目光转向庄子。虽说老、庄之间思想旨趣差别甚大，笔者始终以为两者之作为道家的一致性是成立的。如老子所主张"不尚贤""不贵难得之货""不见可欲"以及"常使民无知无欲"，在《庄子》文本中都多有相照应之处。所谓"至德之世，不尚贤，不使能"（《天地》），明显是重复老子的主张。而声称"货财聚，然后睹所争"（《则阳》），亦与"不贵难得之货"相近。

至于欲望方面，与"无知无欲"相关，需要做更深入的阐明。《庄子》中有一句名言，曰"其耆欲深者，其天机浅"（《大宗师》），这话也常为现代人引用。欲望一向都比较好理解，人不能没欲望，但也不能欲望膨胀。常人最易为欲望所裹胁，却也最能尝尽欲望的苦头。欲海横流之中多少辛酸和痛苦的故事，不难让人明白"嗜欲深者天机浅"的道理。虽说摆脱欲望总是很艰难，但这并不妨碍懂得对"无欲则刚"的赞赏。然而，对于"知"就不一样了，即便没有经受"知识就是力量"的洗礼，"知"难道不是越丰富越好吗？"知"在什么意义上会与"欲"是一回事，"无知"居然是值得追求的吗？这就不那么好理解，至少要比"无欲"难懂得多。

要讨论"知"，就得要区分不同层次的"知"。没有哪个文明或学派不知道区分"真知"和"假知"，并肯定前者而否定后者。但这只是笼统地说，具体而言，这种区分的方式大概各不相同。道家看起来是彻底否

定"知"，却也不能不在某种意义上又承认下来。这就好比老子所言"道可道，非常道"，却依然还得通过"言"表达出来。庄子有一段著名的"一问三不知"就很说明问题：

> 啮缺问乎王倪曰：子知物之所同是乎？曰：吾恶乎知之！子知子之所不知邪？曰：吾恶乎知之！然则物无知邪？曰：吾恶乎知之！虽然，尝试言之，庸讵知吾所谓知之非不知邪？庸讵知吾所谓不知之非知邪？且吾尝试问乎汝：民湿寝则腰疾偏死，鳅然乎哉？木处则惴栗恂惧，猨猴然乎哉？三者孰知正处？民食刍豢，麋鹿食荐，蝍蛆甘带，鸱鸦耆鼠，四者孰知正味？猨，猵狙以为雌，麋与鹿交，鳅与鱼游。毛嫱丽姬，人之所美也；鱼见之深入，鸟见之高飞，麋鹿见之决骤，四者孰知天下之正色哉？自我观之，仁义之端，是非之涂，樊然淆乱，吾恶能知其辩！（《庄子·齐物论》）

所谓"知正处""知正味""知正色"，就是生活常识中好吃、好住、好看的评价。什么东西好吃，什么地方好住，什么女子好看，平常人心里都有数。但每一个人都自以为知道的，就真的很可靠吗？万物齐同，哪有什么好不好吃、好不好住、好不好看的区分？但齐同万物本身总该是一种"知"吧，若"无知"，如何可能"知"万物之所同？即便没有这样一种"知"，也总该对"没有这样一种知"有所"知"吧。即便这样一种意义上的"知"也要否定，那总该对要否定任何意义上的知有所"知"吧。这才是真正烧脑的观念游戏，等到退无可退之处，庄子又回到生活常识上重申谁知"正处""正味""正色"。"吾所谓不知"才是"真知"的表现，却并不会减弱"无知"的程度。

无论老、庄，理解其"无知"的主张，不妨与"欲"勾连起来看。或者可以说，"欲"的根源就在"知"，只有"无知"，才可能"无欲"。如果没有"知正处""知正味""知正色"的分辨，欲望就无从膨胀。虽说"知"并不必然会刺激欲望的膨胀，但"有之未必然"，而"无之"则"必不然"。在老、庄的思想中不乏这样的逻辑，如老子所言"五色令人目盲"之类，《庄子》则进一步发挥：

> 一曰五色乱目，使目不明；二曰五声乱耳，使耳不聪；三曰五臭熏鼻，困惾中颡；四曰五味浊口，使口厉爽；五曰趣舍滑心，使性飞

扬。(《天地》)

纵欲伤身也算是生活常识,放纵耳目口鼻之欲,难免会伤害到耳目口鼻本身。与其追求所谓恰当地运用耳目口鼻之欲,不如彻底地"塞其兑,闭其门,终身不勤"(第五十二章),才是根本之道。同样地,与其追求恰当地把握"知"而提防陷入欲望的泥潭当中,不如彻底否定"知"而达到"无欲"的状态。"知"所开启的欲望之途是很可怕的,庄子对技术的萌芽保持了高度的警惕,充分表明他在这上面拥有无与伦比的深邃度:

> 子贡南游于楚,反于晋,过汉阴,见一丈人方将为圃畦,凿隧而入井,抱瓮而出灌,搰搰然用力甚多而见功寡。子贡曰:"有械于此,一日浸百畦,用力甚寡而见功多,夫子不欲乎?"为圃者卬而视之曰:"奈何?"曰:"凿木为机,后重前轻,挈水若抽,数如泆汤,其名为槔。"为圃者忿然作色而笑曰:"吾闻之吾师,有机械者必有机事,有机事者必有机心。机心存于胸中,则纯白不备;纯白不备,则神生不定;神生不定者,道之所不载也。吾非不知,羞而不为也。"子贡瞒然惭,俯而不对。(《天地》)

当庄子代表人类第一次反思槔这种早期机械物时,他一点也高兴不起来,因为他从这里预感到了"知"的运用所刺激的欲望膨胀。庄子既反对槔所代表的技术上的"知",又反对槔这种技术必然引发的扩张生产所刺激的"欲",正是道家"无知无欲"之意而表现"无为"。与槔的轻松相比,丈人的劳作似乎更"有为",但丈人浇水的时候,不过是促成农作物的生长。虽说人很劳作,可心很单纯,只是关注于农作物的生长。就此而言,浇水并没有添入一事。但有了槔就不一样,虽说身体不那么辛劳,可心很算计,不再是面对浇水这件事,而变成了操作槔的事。对于农作物的生长而言,操作槔就是横生出来的,这才是"有为"。当浇水变成操作槔时,事情就变成了机事,用心也就变成了机心,①这正是庄子警惕的缘由所在。

可见,当平常人为机械和技术所带来的高效和快捷而欢欣鼓舞时,

---

① 详细分析参见拙文《神人与技术——〈庄子〉中的"技""术"解》,收于《经典与解释》(第40辑),北京:华夏出版社,2014。

庄子看到的是被挑动的人心。人是不是一旦接受了这种机械物,就必然陷入利益算计和欲望膨胀之中呢？这得看在什么意义上说,至少现代性的事业已提供确切答案。高度发达的现代技术带来空前的物质繁荣,人类却比以往任何时代更加感到资源的匮乏,这就已经证实庄子在两千多年前的警惕不是杞人忧天。"无知无欲"并非只是极端那么简单,要反思现代性的事业,道家的"无知无欲"依然不失为一种可能的思想资源。如果"知"总是沦为挑动"欲"的帮凶,那它的价值就很可疑。何况,否定了"知",并非什么也没剩下。老子有云:"不出户,知天下;不窥牖,见天道。"(第四十七章)"无知"不是懵懂,也可能是内心澄明,像明镜似地知天下、见天道。庄子对此有一个很好的总结:

> 天地虽大,其化均也;万物虽多,其治一也;人卒虽众,其主君也。君原于德而成于天,故曰:玄古之君天下,无为也,天德而已矣。以道观言而天下之君正,以道观分而君臣之义明,以道观能而天下之官治,以道泛观而万物之应备。故通于天地者,德也;行于万物者,道也;上治人者,事也;能有所艺者,技也。技兼于事,事兼于义,义兼于德,德兼于道,道兼于天。故曰:"古之畜天下者,无欲而天下足,无为而万物化,渊静而百姓定。"记曰:"通于一而万事毕,无心得而鬼神服。"(《天地》)

道家的"技兼于道"就是从这里传出来的。笔者一向以为,庄子并非简单的反技术论者,其思想的细节远比结论要复杂得多。庄子一点也不忌讳技或术,因为技未必不可以兼于道,尽管这可能是一个复杂的思想历程。如果棒所代表的"知"是"道之所不载",则兼于道的"技"难道说还是一种"无知"？这并非不可能,庄子明确质疑过,真正"得心应手"的技艺无法通过知识化的方式传授。① "无知"未必就

---

① 桓公读书于堂上。轮扁斲轮于堂下,释椎凿而上,问桓公曰:"敢问,公之所读者何言邪？"公曰:"圣人之言也。"曰:"圣人在乎？"公曰:"已死矣。"曰:"然则君之所读者,古人之糟魄已夫!"桓公曰:"寡人读书,轮人安得议乎! 有说则可,无说则死。"轮扁曰:"臣也以臣之事观之。斲轮,徐则甘而不固,疾则苦而不入。不徐不疾,得之于手而应于心,口不能言,有数存焉于其间。臣不能以喻臣之子,臣之子亦不能受之于臣,是以行年七十而老斲轮。古之人与其不可传也死矣,然则君之所读者,古人之糟魄已夫!"(《天道》)

比"无欲"更难懂,或者以为这是另一种层面上的"真知"亦无不可。"无欲而天下足,无为而万物化","无知无欲"只是一种"无为",亦是复返质朴之道。不过,庄子总结的亮点并不在这里,而是在"畜天下"的背景下表达出来,他居然声称"渊静而百姓定"。其与老子在"民"的层面上主张"无知无欲",最后落到"为无为,则无不治"上,可以见出是一脉相承。"无知无欲"最终只有从"民"的层面来叙说,才能显出更大的价值。

四、民 心 不 乱

老子论道,多自"民"处着眼,是以治理天下为旨归的。这样来说一般问题不大,分歧主要在庄子这里,他的问题意识主要还在"民"的层面吗?确实很难说,庄子的思想人物往往连五谷都不食,动辄"吸风饮露"(《逍遥游》),如此超凡脱俗的形象,他还会在乎芸芸众生吗?老、庄之间的思想旨趣迥异,通常就是从这个角度来分的,但前提是可以从《庄子》中分辨出究竟哪些思想是庄子本人的。笔者以为,虽说整个《庄子》文本不大可能属于某个庄子,但思想史上的庄子只能是由《庄子》一书来塑造。与其致力于分辨庄子本人的思想而追求某种"单纯性",未必不可以更多地谋求《庄子》思想的统贯性,从而让庄子的思想形象变得更丰富。

庄子一方面屡次叙述"尧与许由天下,许由逃之"(《外物》)这一事件,一方面又大谈"古之畜天下者",这种可能性有没有呢?其实这两者之间并不难弥合,许由可能只是庄子塑造出来与尧持有不同治理理念的形象,无非是要反对尧的仁义之治。《庄子》文本中反复表示"未暇治天下"或"何暇治天下",可以视为是"不治之治",是对老子"为无为,则无不治"的重申。真正棘手的是,类似于"肌肤若冰雪,淖约若处子"(《逍遥游》)这种不食人间烟火的思想形象,如何让人相信他还会关怀芸芸众生?当庄子流露出对"儵鱼出游从容"(《秋水》)的向往时,不可小看这一知鱼之乐的情怀。正是在这一基调上,才会表达出"相濡以沫,不如相忘于江湖"(《大宗师》)的价值主张。作者想不出还有什么比"相忘于江湖"更反社会、反人类的了,庄子根本不相信"类"有什么意义,人只有以一个一个的方式出场才有可能生机盎然,如同那一条又一条"相忘于江湖"的鱼儿。面对抱着这样一种情怀的庄子，要揭示其治理天下的关怀，才是高难度的挑战。

庄子笔下有很多高人的形象，或者用他的术语来说，是"神人""至人"或"圣人"。这些思想形象固然一个个超凡脱俗，貌似与芸芸众生之间有着天壤之别。不过，实际情形也许更复杂，这些高人与众生之间并非毫不相干，甚至可以说在相当程度上是一致的。不管庄子如何描述这些高人的形象，比如"至人无己，神人无功，圣人无名"(《逍遥游》)之类，其精神实质离不了"无知无欲"。

自老子以来，"常使民无知无欲"就是道家的基本教义，正是在"无知无欲"的意义上，庄子笔下的高人难道不是与"民"保持着高度一致么？但消除这种距离感并不是最重要的，问题的关键还在于"无知无欲"上。庄子是一个气质跟老子完全不一样的人，可他为什么还要跟随老子的思想路线，这里是否有更值得玩味的地方？哲学一开始作为极少数人的事业，显然并不需要进入大众的视野。可哲学却偏偏又是以"人"的名义来进行，这就意味着凡哲学家的思想头脑能抵达之处，也意味着人人皆得如此。然而，当哲学家们构建起一套又一套庞大而艰深的哲学体系时，是否考虑过绝大多数人的感受呢？古典世界往往通过划分人的等级来解决这个问题，可经过现代性的碾压之后，哲学便从一种极少数人的事业，不得不沦落为大众的专业。

思想的本性是飞扬的，而哲学家要么是任凭思想的飞扬，尽情挥洒着哲学头脑的智慧；要么就得不断地收敛飞扬的思想，克服哲学头脑的冲动。看起来庄子明显就属于前者，但正是"无知无欲"改变了这一点。"知"上的空间非常大，哲学家可以建构出各种无所不包的思想体系，一如西方文化中不断更迭的哲学史现象。可以有很多种五花八门的"知"形态，但"无知"的形态基本上只有一种。不可能指望众生跟得上种种眼花缭乱的思想体系来塑造价值观，"无知无欲"的教义固然也可能陷入另一种精致的"知"形态，但其基本义则是在通过消除各种知识形态的过程中确立起来，并不超出芸芸众生的认知和感受。老、庄的"无知无欲"，便是以一种非常迂回的方式重新接近了芸芸众生。

老子对于"无知"的主张，有一句显得特别反儒家的话，即所谓"绝圣弃智，民利百倍；绝仁弃义，民复孝慈；绝巧弃利，盗贼无有"(第十九章)。这话的意思在《淮南子》里有进一步的叙说，其云：

跖之徒问跖曰："盗亦有道乎？"跖曰："奚适其无道也！夫意

而中藏者,圣也;入先者,勇也;出后者,义也;分均者,仁也;知可否者,智也。五者不备,而能成大盗者,天下无之。"由此观之,盗贼之心,必托圣人之道而后可行。故老子曰:"绝圣弃智,民利百倍。"(《淮南子·道应训》)

不妨善意地认为,人类追求知识是为了让世界变得更美好。可吊诡的是,知识又可以让世界变得更邪恶。如果坏人总是更有效地利用知识,甚至知识总是更轻易地刺激人的欲望,人类追求知识的正当性是不是就成问题了呢?老子当然明白,仁义礼智是为了追求人性的善,但身陷晚周乱世之中的他,目睹的却是仁义礼智被用来粉饰恶行,正如圣人之道让盗贼之心所托一样。当然,作为哲学家的老子同样应该清楚,只要有强大的思想头脑,无论仁义礼智,还是别的认知诉求,必定可以把握好人性之善。然而,问题在于,难道可以指望芸芸众生都凭借这种思想头脑来武装自己吗?当然不可能,但这并不意味着哲学家与生民之间就注定走不到一块。虽说不能苛求达成"知"上的共识,却不妨在"无知"的意义上相互分享。如果任何一种"思想武器"都有可能被众生玩坏,那么解除武器本身才是杜绝祸患的根本之路。哲学家的头脑不会因"无知"而停止思想的步伐,而芸芸众生却会止于"无知"而"不争""不为盗",以及可以"使民心不乱"。从老子的道论中亦可见出,"无知无欲"在实质上还是从安顿"民"的秩序层面上提升来的,回归其质朴之性而"使民心不乱"。因此,"无知无欲"并不是思想的头脑不顾众生而任性飞扬的产物,而是哲学家基于生民的关怀而提出的思想主张。正是在这个意义上,庄子延续"无知无欲"的思想路线,充分说明依然没有偏离老子奠定的"民"学基调。

"无知无欲"的主张经过哲学家的阐发,其思想体系同样也可以蔚为大观。不过,作者的注意力主要集中在"民"学方面,无论老、庄,对于生民而言,"无知无欲"主要是意味着"民心不乱"。如果普通老百姓都一个个很纯朴,不会被那些歪门邪道所干扰,好比那个南越的建德之国,"其民愚而朴,少私而寡欲;知作而不知藏,与而不求其报"(《山木》)云云,没有任何私有观念,自然就容易治理了:

吾意善治天下者不然。彼民有常性,织而衣,耕而食,是谓同德;一而不党,命曰天放。故至德之世,其行填填,其视颠颠。当是时也，山无蹊隧，泽无舟梁；万物群生，连属其乡；禽兽成群，草木遂长。是故禽兽可系羁而游，乌鹊之巢可攀援而窥。夫至德之世，同与禽兽居，族与万物并，恶乎知君子小人哉！同乎无知，其德不离；同乎无欲，是谓素朴。素朴而民性得矣。及至圣人，蹩躠为仁，踶跂为义，而天下始疑矣；澶漫为乐，摘僻为礼，而天下始分矣。故纯朴不残，孰为牺尊！白玉不毁，孰为珪璋！道德不废，安取仁义！性情不离，安用礼乐！五色不乱，孰为文采！五声不乱，孰应六律！夫残朴以为器，工匠之罪也；毁道德以为仁义，圣人之过也。（《马蹄》）

所谓"善治天下者"，其实是取决于"彼民"的纯朴。"同乎无知""同乎无欲"，可以回归这种纯朴的本性，这也是质朴之道复返的力量所在。"五色不乱""五声不乱"，也就是民心不乱，天下就容易治理了。对于"无知无欲"而言，最终落实在治理的秩序上，这才是最重要的。道家主张"常使民无知无欲"，儒家则描述出"民可使由之，不可使知之"，两者同在秩序的诉求上并无二致，并且都体现出关怀生民的致思路径。始终将思想收敛在"民"的层面，不管生民是基于"无知"还是"不可使知之"，哲学的使命就是为"民"担负起这种"知"。道家未必找到了最恰当的方式来知"民"之所当知，但确实是在完成这种哲学的使命。这才是老、庄思想将"民"定位在"无知无欲"层面上的真正意蕴所在。

＊本文为国家社会科学基金项目"汉初七十年的子学研究"（项目号：17BZX047）阶段性成果。

"中国"古义与易教精神

吴小锋 *

（同济大学人文学院）

摘　要： 本文尝试通过"中国"一词的考源，理解华夏文明的品质。中国之"中"，最初的意义在确定人所生息的时空，以及在此时空中人群的政治方式和秩序。中的思想精神所孕生的一个文明共同体，就是中国。中，在打开时空的同时，也打开政治秩序，打开一个文明世界。"中国"的古义，并非单单具有疆域性和民族性涵义，更有文明性涵义。搞清楚中国的古义、华夏文明的品质，才能明白自古及今传统文化强调华夷之辨的意义。夷夏之辨的问题，晚清以来又进一步演化为中西之争。在这场残酷持久的角力中，代表华夏文明出场的"新中国"能否坚持下来并取得胜利，很大程度上取决于"新中国"能否从古老的中国文明中汲取能量，激发元气，实现传统文化的复兴。

关键词： 中　国　易　文明

一

"中国"一词，历史上出现很早，但迟至明朝前期，都未做过历代王朝的官方名称。现在我们口中的"中国"，严格来说，是"中华民国"的简称。后来，"中华人民共和国"沿用这个简称。

日本，自明治维新崛起。甲午战争后，日本人轻蔑中国，不愿意称对面的国家为"中国"。中国，中央之国，作为岛国的日本，在中国眼里，不过是一个附属国。近代日本想要争强，做大东亚的主人，头号敌人就是中国。"中华民国"建立之后，日本人已经流行称呼中国为"支

---

*　作者简介：吴小锋（1982-　），男，四川新都人，文艺学博士，同济大学人文学院讲师，主要从事中国先秦思想研究。

那"。从字面上看,日本翻身成了"本",中国沦落为"支"。支那,不过是日本支在那边的一片土地。从日文发音上看,"支那"的读音与"将死之人"、"傀儡"等相近。① 文化上造势,最终是为了图谋中国疆土,肢解那片土地。

将中国理解为中央之国,过于肤浅。任何国家,基本都以自己为中心,参考当今各国绘制的世界地图格局,可见一斑。就现有传世文献看,"中国"一词,最早出现在《尚书·梓材》:"皇天既付(托付)中国民越厥(与其)疆土于先王。"1963 年,陕西宝鸡出土青铜器"何尊",铭文说:"唯武王既克大邑商,则廷告于上天曰:余其宅兹中国,自之辟民(我将据有中国,自此治理民众)。"进一步印证"中国"一词的出现,最晚在西周初年,②距今大概已有三千年历史。往上再追溯,还可以推到商代,③极端可以推到《禹贡》时代。④ 虽然迟至近代,才正式成为国家名号,但"中国"一词,实得华夏文明精髓。

中国之"中",最初的意义在确定人所生息的时空,以及在此时空中人群的政治方式和秩序。中,甲骨文作"🏴",是古人立表和建旗制度的写照。立表,最为原始的天文观测,在平地上立一根杆子,通过观察杆子的投影,测定空间和时间。记录日出日落的投影点,连成直线,指示出东西方。日出和日落点连线的中点与杆子的连线,指示南北方。还可以参考日影最短的阴影线,以及夜晚北极星的方位,校正南北方的精确度。立表,测定时间,包括回归年、四时以及一天的时刻,也能定位空间。由四方确定中央,建立中与四方,中心与边缘的关系,政治色彩

---

① 关于"支那"一词及其意义的源流演变,参张星烺,《"支那"名号考》,见氏编《中西交通史料汇编》(一),北京:中华书局,1977,页 450-460;胡阿祥,《伟哉斯名:中国古今称谓研究》,武汉:湖北教育出版社,2000,页 333-348。关于"支那"之名在中日之间的纷争,参考实藤惠秀,《对中国的称谓:中日关系史中的微妙问题》,见《社会科学战线》,1979(1),页 191-202;李长声,《中国支乎那乎》,见《读书》,1994(11),页 141-144。

② 参于省吾,《释中国》,见胡晓明、傅杰主编,《释中国》(三),上海:上海文艺出版社,1998,页 1516。王尔敏《"中国"溯源及其近代诠释》一文的附录,摘录近乎所有先秦典籍中出现"中国"一词的文句,见氏著《中国近代思想史论》,北京:社会科学文献出版社,2003,页 387-400。

③ 参胡厚宣,《论殷代五方观念及中国称谓之起源》,见氏著《甲骨学商史论丛初集》,石家庄:河北教育出版社,2002。

④ 柳诒徵,《中国文化史》,上海:东方出版中心,2007,页 49。

也由此出来。中字,"丨",是表;"囗",是表投影的范围。"𣃧"字上下的斿饰,是建旗的表象,古人建旗与立表并行。据《周礼·大司马》,古人有重大政事,集合各地民众,立旗为号。四方官员见到建旗的信号,敲锣打鼓号召本地民众一起赶到建旗的中心。建旗的同时立表,计算时间,迟到者斩。由于建旗致民的制度,政治权力的核心机关往往设定在民众居住的四方之中,"中"也由此带上政治色彩。立表与建旗同时进行,融成了"𣃧"字的构形。立表,与正位定时有关;建旗,与政治权力有关。①

立中建旗,确立中央与四方。中央,建旗之地成为政治中心;四方,本来指四个方位以及四方极远之地,后来引申为相对于中央的方国。若进一步区分,方是方,国是国。国,本字为"或",金文构形主要有两种,啳、𢧄。𠁥是囗的省写,指示中心城邑以及周边地界。中,是中央权力机关所在的城邑,邑和国是同义字。商人称自己为"大邑商",邑的范围就是国的范围。两者的区别仅在于,邑字从囗从卩,执卩以信守这片土地;国,从囗从戈,以武力守卫这片土地。守卫的方式不同,所守的是同一片土地,文字用法上可以通用。② 国的封界之外是方,对中国而言,方是异族文明空间。四方,相当于后来的"四海"或"四夷",为蛮夷居住之地。铭文中,商人经常称自己为"中商",称异族人的居住地为"多方"。③ 商称"中商",后来"中国"的称呼可能脱胎于此。④ 中商的文化影响范围是中国,并不及多方。中国的文明含义由此出来,夷夏关系也由此出来。

---

① "中"与立表测影的关系,参萧良琼,《不辞中的"立中"与上代的圭表测景》,见《科技史文集》第十辑,上海:上海科学技术出版社,1983,页27-44;姜亮夫,《三楚所传古史与齐鲁三晋异同辨》,见氏著《国学丛考》,杭州:浙江大学出版社,2008。中与建旗致民的关系,参唐兰,《殷墟文字记》,北京:中华书局,1981,页52-54。中字兼立表与建旗涵义,参冯时,《中国古代的天文与人文》,北京:中国社会科学出版社,2009,页2-25。

② 金兆梓,《封邑方国辨》,见氏著《尚书诠释》,北京:中华书局,页426-432。

③ 参王爱和,《中国古代宇宙关于政治文化》,金蕾、徐峰译,上海:上海古籍出版社,2011,页47-48;张光直,《商文明》,北京:读书·生活·新知三联书店,2013,页275-287;冯时,《中国古代的天文与人文》,前揭,页25-38。

④ 参胡厚宣,《论殷代五方观念及中国称谓之起源》,见氏著《甲骨学商史论丛初集》,石家庄:河北教育出版社,2002。

　　中国文化,文从"中"来,然后化及四方。中的涵义来自立表与建旗:立表,认识时空变化,从变化中找到不变,建立秩序,以不变应万变;建旗,犹"建极",确立根本政治原则,表现为旗帜。如今依然在说高举旗帜,这不仅仅是领导权力的象征,也是意识形态的象征。建旗必立表,并非单单为了计量建旗的时间,约定人的行动节奏。立表本身,意味着测定和打开人活动的政治时空,从而支撑起一定的时空范围。从这一点上看,表旗并建的"中",还有更深层次的思想意义。

二

　　"人更三圣,世历三古"的《易经》,可以说是中国文化的根脉。易,《说文》引《秘书》云:"日月为易,象阴阳也。一曰从勿。"《说文》解释"阳"的本字"易"时,也说"从日、一、勿"。"勿"(𠃬),《说文》云:"州里所建旗。象其柄,有三游。杂(色杂)帛,幅半异(旗帜的颜色半赤半白)。所以趣民,故遽称勿勿。"旗帜,用来聚集民众,民众团结在以旗帜为中心的中央周围。易,从日、一、勿,日代表太阳,一为立表或立表所确定的方位,勿代表建旗。易,最初的涵义,或为太阳之下的表旗并建。立表与建旗,犹若建极,奠立政治最为根本的原则。

　　《周易·系辞上》云:"易有太极,是生两仪,两仪生四象,四象生八卦。""中"之"丨",是建极;"囗",相应于立表的观测范围和建旗的政治影响范围,是建极打开并影响的政治时空。"易有太极","丨",是太极之极。《说文》:"极,栋也",本身就是立表与建旗的那根木杆子。易有太极,太阳下表旗并建,为建极之举。"是生两仪","是",从日从正,日正之义,正午时刻,立表测影的影子最短,影子指向正北,北正南亦正,可以定南北两极。极,亦至也,南极至为夏至,影子最短;北极至为冬至,影子最长,南北至则东西分。夏至和冬至,亦是阳至和阴至。太极至则东西分,东西分是阴阳消息之分,东分为春分,西分为秋分,此为"是生两仪"。南北至而东西分,进一步分出四方和二分二至(四时),此为"两仪生四象"。[①]"四象生八卦",四方定则四隅定,合为八方。二分二至定,则立春、立夏、立秋、立冬定,合为八节。政治时空秩序步步分明显现,根源在"易有太极"。换句话说,建极之后,相应的时空秩

<hr/>

①　参端木国瑚,《周易指》(七),台北:新文丰出版有限公司,1995,页230。

序慢慢展现出来。

　　"易有太极",建极之后,分化渐渐呈现。如果不分,也就不可见,未分而不可见的状态,称之为"混沌",相应于"无极"。分而为有,分而可见,并不是说有生于无,而是说生于未分。聚讼不已的《太极图说》"无极而太极",并非硬生生地说无极生出一个太极,而是说从混沌到有序,是一个建极的过程。《洪范》九畴,核心第五畴,正是"建用皇极"。皇,大也;极,中也。建用皇极,以皇极统摄其他八畴,犹如以中央统御八方。九畴之数源于洛书九数,中央为五,平面化为九宫,是中央与八方的关系。九宫之数,横竖对角之和相等,是中央执中的统治与平衡能力。

　　表旗并建的中,其哲学与政治意味,在"易有太极"、"建用皇极"之中。建中,意味着无极而太极,意味着从混沌走向秩序。这一过程,生动反应在盘古开辟天地的神话中。据徐整的《三五历纪》:

> 　　天地浑沌如鸡子,盘古生其中。万八千岁,天地开辟,阳清为天,阴浊为地。盘古在其中,一日九变,神于天,圣于地。天日高一丈,地日厚一丈,盘古日长一丈,如此万八千岁。天数极高,地数极深,盘古极长。后乃有三皇。[①]

　　开天辟地,并不是说凭借神力或人力分开天地,而是说在盘古之前,人并没有上天下地的概念。盘古年高一万八千岁,人对其生息环境的认识,经历了漫长的时间。开天辟地的神话,意在传达人对天地以及人与天地关系的认识。盘古之前,并非天地未分的混沌。之所以称之为混沌,其实是说人对天地还没有认识和区分,思想里没有头绪,一片混沌。天地之分,在于人的认识,人区分出天地,同时也认识自己。"天日高一丈,地日厚一丈",天地每天都在变化,意味着对天地的认识一天天深入。"盘古日长一丈",盘古每天也都在生长,对天地的认识,最终返照到对人类自身的认识。人对自己的认识,与对天地的认识相互成就。盘古每天生长,通过深入认识天地变化,深入认识自身,以至于"一日九变"。与其说盘古撑开天地,不如说人参天地,逐渐摆正天地的位置以及天地之间万物的秩序,并最终摆正人在天地和万物中的

---

① 见马骕撰,《绎史》(一),王利器整理,北京:中华书局,2002,页3。

位置,从而认识人自身。撑开天地,人的生存时空开辟出来,混沌显出秩序。盘古神话,并非造物式神话。

盘古开天地,天地开辟以后,人的活动时空显出来,"后乃有三皇"。三皇的说法有多种,①据《尚书大传》,三皇为燧人、伏羲、神农。燧人当天皇,伏羲当人皇,神农当地皇。天人地三皇,相应于天地人三才。三皇之所以是三皇,源于他们对天人地具有划时代的洞见。三皇的核心在人皇伏羲,《易经》讲述古史,以伏羲开端,重点表彰人的位置和作用。没有人,也就没有天地,更没有秩序,世界一片混沌。

> 古者包羲氏之王天下也,仰则观象于天,俯则观法于地,观鸟兽之文,与地之宜,近取诸身,远取诸物,于是始作八卦,以通神明之德,以类万物之情。(《周易·系辞下》)

人类文明从人对天地的认识发端,伏羲画八卦,总结出上古对天地万物的认识,从混沌中整理出秩序。作八卦,相当于在天地间立表建旗,为生民立极,根源仍在"易有太极"。"中",就是立极。"丨",建极,"口",建极以打开混沌,呈现四面八方。

三

混沌中建极,无极而太极,秩序生出来。反过来看,如果建极出了问题,衍生出的政治秩序在根源上就靠不住,失之毫厘谬以千里。由混沌到秩序,让人想到《庄子·应帝王》结尾的浑沌之死。浑沌死,秩序生。庄子的重心不是在表彰生,而是在反思生造成的死。

> 南海之帝为倏,北海之帝为忽,中央之帝为浑沌。倏与忽时相与遇于浑沌之地,浑沌待之甚善。倏与忽谋报浑沌之德,曰:"人皆有七窍以视听食息,此独无有,尝试凿之。"日凿一窍,七日而浑沌死。

---

① 参顾颉刚,《三皇考》,见氏著《古史辨自序》,石家庄:河北教育出版社,2000,页183-429;吕思勉,《先秦史》,上海:上海古籍出版社,2010,页44-53。

　　南海、北海,相应于空间;倏、忽,相应于时间。中央是浑沌,阴阳未分,时空未分。倏忽在中央混沌之地相遇,"浑沌待之甚善"。浑沌是整全,无所不包。问题的出现,是倏忽想要报答浑沌,认为人都有七窍,用来视听食息,浑沌偏偏没有,岂不可怜,于是照着人的样子给他凿出七窍。结果,"日凿一窍,七日而浑沌死"。浑沌之死,源于代表时空一隅的倏忽,以人的标准开凿浑沌。换句话说,人以自己的标准开凿浑沌,以通其窍,建立秩序。可是,人为秩序建立造成的结果,反倒是浑沌死。浑沌死,意味着代表时空一隅的倏忽对自然浑沌一任己意的宰制和分割,整全瓦解,"道术为天下裂"。"其分也,成也,其成也,毁也"(《庄子·齐物论》)。浑沌之死,庄子提醒我们去反思人立极的行为,并由此再次深入反思无极和太极的关系。

　　"无极而太极",太极生于无极,从浑沌中出来一个秩序,这个秩序就是道。需要搞清楚的是,这个秩序或道,乃无极自然孕生,是自然的流淌。为了避免"生"的先后之分,周敦颐《通书》所保存的古传说法是"无极而太极"。用朱熹的话说,"非太极之外,复有无极也"。① 换句话说,无极本身涵有太极,太极本身亦复无极。建极的动作,不是人为,而是生,更精确地说,是自然而然的呈现。人为的,不是生,是造作,非自然。混沌亦非混沌,混沌本身也有秩序,因为对这个秩序没有理解和认识,所以是混沌。认识和理解混沌中的秩序,混沌就不是混沌,秩序也就出来。无极也就不是无极,太极生了出来。只不过,这个秩序不是人为的建立,不是本身没有而强行开凿,反而是道法自然,"雕琢复朴"。凿七窍,是强加的宰制与分割。雕琢复朴,是贴合自然的梳理。

　　居于时空一隅的倏忽开凿浑沌,浑沌死。浑沌本身蕴含秩序,浑沌死,意味着其中的自然秩序随之崩坏,造成的局面是"道术为天下裂"。古代神话中,共工坏天,随之而来的是女娲补天。共工坏天,"天柱折,地维缺",天地秩序坏乱。女娲炼五色石补天,五色应五方,东南西北中,断鳌足立四极,重新确立天地秩序,是为补天。《庄子》内七篇的结尾,谈人为造作秩序,穿凿浑沌,这是《庄子·天下》篇的格局,也是庄子生活时代面临的政治困局。《庄子》补天,在开篇的《逍遥游》。《应帝王》结尾,是南海之帝倏与北海之帝忽相遇在中央。换句话说,倏与忽的视野仅仅是一方。称"帝",是主宰一方,相应于《天下》中的方术。

---

① 　见周敦颐,《周敦颐集》,陈克明点校,北京:中华书局,2010,页4。

《逍遥游》开篇,北冥的鲲鹏飞往南冥。鲲在水中,鹏在天上,鲲化为鹏,认识和沟通天地。鲲鹏由北冥飞往南冥,认识和沟通南北。认识并贯通天地南北,可以避免倏忽以一方之见穿凿混沌。鲲鹏在混沌中升降潜翔,已渐次呈现出混沌中的自然秩序。

四

无极中的太极,以及由太极生出的秩序,本身是混沌的自然。立极,虽然是人的动作,仍要明白人在这个立极动作上的性质与限度。用《周易》的话说,"后以财(裁)成天地之道,辅相天地之宜,以左右民"。用《道德经》的话说,是圣人"辅万物之自然而不敢为"(六十四章)。圣人立的这个极,不是凭空臆想建立,而是辅相天地万物,道法自然。由此,可以理解老子"绝圣弃智"的教导。在自然面前,最好将人的自作聪明收起来。

无极而太极,太极复归于无极,雕琢亦复归于朴,"万物并作,吾以观其复"(《道德经》十六章)。太极生,万物的秩序显出来,观察并把握住这一点,是古人政治见识的根源。人间政治原则由此建立,制礼作乐的根据由此衍生。对这根本性的东西,古人往往不谈,孔子"不言性与天道"(《论语·公冶长》)。谈性,人的秩序出来;谈天道,天地的秩序出来。天地人间的秩序出来不好吗?"仁者见之谓之仁,知者见之谓之知,百姓日用而不知。"(《周易·系辞上》)真正能准确看清混沌之极,把握阴阳,提挈天地,是圣人。越是根源的东西,遮蔽也越多,要穿透层层迷雾,看走眼的可能性极大。根源性的东西讲出来,破坏根源性的意见也会马上出来,自然秩序随之受到破坏,道术为天下所裂,混沌因穿凿而死。"其分也,成也;其成也,毁也",不分,也就不成,不成也就无毁。孔子不谈性与天道,老子绝圣弃智,庄子逍遥于无何有之乡,圣人以此洗心藏密。那些根本性的东西,往往需要秘藏起来。性与天道不言,遁世无闷,极高明而道中庸。"中"的精神,饱含着极丰富的思想层次。

"智慧出,有大伪"(《道德经》十八章),谈性道,标高明,造成的政治后果,是皇极倒坍。极不可动,潜龙不可用。勿用,才能生出大用,无为,才能无不为。动则"栋桡",栋桡就成大过(☰)。孔子不谈性与天道,属古学教义。开始谈论性与天道的时代是战国时代,诸子时代,结果是道术为天下裂。大谈性与天道的时代,是理学与心学的时代,理学侧重天道而谈性,心学侧重性而谈天道。宋的结局是元,明的结局是清,这是中国历史上仅有的两次异族完全主宰中原的朝代。清末之际更是酿成三千年未有之大变局,实大过栋桡之象,整个政治伦理秩序崩塌。

<h1 style="text-align:center">五</h1>

中国之所以称之为中国,首先是"中"之国。"中",代表一种思想,一种精神。这种思想精神所孕生的一个文明共同体,就是中国。中,在打开时空的同时,也打开政治秩序,打开一个文明世界。"中国"的古义,并非单单具有疆域性和民族性涵义,更有文明性涵义。"孔子之作《春秋》也,诸侯用夷礼则夷之,夷而进于中国则中国之。"①中国或说诸夏,与异族的区别,表面上是疆界与民族,核心在于礼,在于文明。②夷夏之辨的关键,在于是否认同中国的礼。什么是中国的礼?《礼记·乐记》云:"礼者,天地秩序也。"建中,天地秩序由此奠立,礼是古人对天地人世秩序认识的沉淀。礼的形成,可以推源至祭祀,究祭祀之义,仍在以人沟通天地(以祖配天),建立人世秩序。"国家大事,在祀与戎"(《左传·成公十三年》),祀,以祖配天,维系秩序;戎,保卫这种秩序。祀与戎,可以对应到中与国。

以中国代指国家,并划定明确时空边界,时间要晚得多,大概迟至明朝后期。明朝对外发布诏令,已经开始正式使用"中国"来代指大明。明朝晚期以至清朝,西方人也以中国称呼大明和大清。③"崖山之后无中国,明亡以后无华夏",不外是异邦别有用心之人,意欲颠覆华夏文明的机心之言。

夷夏之辨的问题,清朝晚期之后逐渐演化为中西之争。之所以不

---

① 韩愈,《原道》,见童第德选注,《韩愈文选》,北京:人民文学出版社,1997,页218。

② 《战国策·赵策》:"中国者,聪明睿知之所居也,万物财用之所聚也,贤圣之所教也,仁义之所施也,诗书礼乐之所用也,异敏技艺之所试也,远方之所观赴也,蛮夷之所义行也。"

③ 胡阿祥,《读史入戏:说不尽的中国史》,北京:人民出版社,2014,页26-28。

提夷夏而提中西，因为晚清耗尽了华夏文明自古以来蕴藏的底气。夷，变成了同样拥有强大文明体系的西方。中西之争，不再是夷夏之辨中华夏文明的一枝独秀，而是中西两种文明体系的残酷角力。这场角力，从明末开始，至今仍在持续。如今，在这场残酷持久的角力中，代表华夏文明出场的"新中国"能否坚持下来并取得胜利，很大程度上取决于"新中国"能否从古老的中国文明中汲取能量，激发元气，实现传统文化的复兴。

天之历数在尔躬，允执厥中。

共和危机、现代性方案的文化转向与启蒙的激进化

唐文明 *

（清华大学哲学系）

摘　要：内在于启蒙主义的信念，新文化运动经历了两次激进化：第一次是启蒙的自我确认，旨在为启蒙清除一切旧制度及其相关的旧文化；第二次是启蒙的自我反思和继续推进，在政治主张上表现为从自由民主转向社会民主。在争夺对新文化运动的解释权的过程中，断裂论者和连续论者虽然呈现出尖锐的对立，但仍共享着启蒙主义信念。

关键词：现代性　启蒙　激进化　文化　制度

引　言

在以往关于现代中国的各种叙事中，相对于晚清思想，新文化运动往往被视为一个干净的起点。然而，我们不能不说，笼罩在这个"干净的起点"周围的，是种种来历不同的思想迷雾。从目前的情况看，要扫清这些思想迷雾恐怕在很长一段时间里还有相当的难度。"干净的起点"意味着开启了一个新时代，于是，强调与旧时代的断裂就是这个新起点自我确立的最关键处。暧昧之处则在于，对于断裂及其意义的理解，存在两种针锋相对的观点。自由主义者和列宁主义者在建构现代中国的政治叙事时存在巨大差异，可谓水火不容，但是，他们都非常自觉且相当一致地将新文化运动标识为古今断裂的"绝佳起点"。这正是让人疑窦顿生之处。

面对断裂论的认知框架，我们首先需要提出的问题是，在我们对新文化运动的实际经验中，发生过的断裂究竟是一次还是两次？如果断裂只有一次，我们势必要对关于断裂的两种不同理解进行深入分析，并

---

*　作者简介：唐文明（1970－　），男，清华大学哲学系教授，主要从事中国哲学与思想史、伦理学与宗教学研究。

加以明确论断。或者是澄清其中哪一种理解更为妥当，或者是提出新的理解来取代旧的理解。实际上，从 20 世纪 80 年代一直到当下的中国现代思想史写作，来自不同政治立场的持论者都将问题聚焦于如何重新理解新文化运动，也就是说，都在争夺对新文化运动的解释权。重新思考新文化运动的历史定位，直接关系到如何重构关于现代中国的叙事这个重大问题，从而也直接关系到未来的中国应当朝哪个方向走这个实践领域的重大问题。假如断裂有两次，比如说，以 1919 年的"五四"运动为界，我们能够将对断裂的不同理解安置在新文化运动前后两个不同阶段，从而对这两种理解做出明确的区分，那么，需要进一步解释的问题就是，第二次断裂，似乎是作为断裂的断裂而出现，何以成为规定现代中国后来走向的重大历史事件？

更让人感到奇怪的是，那些强调新文化运动与晚清思想之连续性的叙事，往往也并不否认新文化运动之于现代中国的起点意义。[①] 按理说，顺着连续论的逻辑，既然已经明确意识到，新文化运动中的很多思想要素，在晚清时期都已呈现，那么，运思的方向似乎应当是，在彻底解构新文化运动的起点地位的同时，为现代中国寻求一个更早的起点。然而，我们实际看到的却是，无论是将更早的起点回溯到晚清、晚明甚或宋代，这种更早的回溯和"没有晚清，何来五四？"之类看起来铿锵有力的质问，都没有动摇新文化运动之于现代中国的起点地位。更早的回溯往往让人视为现代性的萌芽或"早期现代"（the early modern）而被简单地打发掉了，其理论目的往往在于成就种种不同版本的关于现代中国的内在理路说。反倒是说，在连续论的认知框架里，更为紧要的是充分说明新文化运动之于现代中国的起点地位，以及因强调连续性带来的更为浓重的思想暧昧。

一

将晚清到"五四"的思想变化概括为从器物到制度再到文化三个阶段，是一个广为流传也广被接受的描述性看法，尽管在具体的理解上

---

① 如论述现代文学起源的王德威为晚清文学辩护，提出"没有晚清，何来五四？"的质问，但这并不妨碍他认为"五四"仍是现代文学的"绝佳起点"。参王德威，《被压抑的现代性？》，北京：北京大学出版社，2005，页 5。

呈现出不少差异。明确提出这个三阶段说的是梁启超。1922年,《申报》为庆祝创刊五十周年而向恰好也是五十岁的梁启超约稿,梁启超应约写了《五十年中国进化概论》一文。虽然政治仍是该文的重要关切,但梁启超并没有以实际的政治变迁作为直接的叙事主线,而是将目光聚焦于"思想解放",也就是一般所说的启蒙。质言之,梁启超在该文中企图通过扼要地刻画五十年来的"思想进化"而为当时的政治实践提供一个兼具批判性和建设性的分析框架。在他的笔下,从晚清到"五四"的"思想进化"的主要线索被勘定为中国思想界对西方文明的深入认知和全面承认过程。这一点很自然地关联于中国思想界对自身文明的反思,于是,这个线索也就具有了强烈的"知不足"的意味,而五十年来的"思想进化"也就变成了中国的"知不足史":首先是器物上知不足,后来是制度上知不足,再后来是文化上知不足。

器物上的知不足对应的典型历史事件是洋务运动,用梁启超的话来说,觉得有了"舍己从人的必要",于是带着技术的关切而有了种种思想上的变化,特别是对科学的重视和引进——从后来的历史看,科学所带来的思想冲击无疑是巨大的、根本性的。制度上的知不足被梁启超断在甲午战争以来,所对应的典型历史事件则是康有为、梁启超等人极力推动的戊戌变法。在梁启超看来,变法虽然失败了,但思想上的进步并未停止。反而是说,向西方学习的意愿更强、更迫切了,尽管那时对西方的了解还远远不够。[①] 文化上的知不足对应的典型历史事件就是新文化运动,在政治制度因学习西方而发生巨大变革后出现的共和危机,则是促使思想界走向文化反思的重要因素:

> 这二十年间,都是觉得我们政治、法律等等,远不如人,恨不得把人家的组织形式,一件件搬进来。以为但能够这样,万事都有办法了。革命成功将近十年,所希望的件件都落空,渐渐有点废然思返,觉得社会文化是整套的,要拿旧心理运用新制度,决计不可能,渐渐要求全人格的觉悟。恰值欧洲大战告终,全世界思潮都添许

---

① 在此梁启超所推许的是严复的译作:"这一期学问上最有价值的出品,要推严复翻译的几部书,算是把19世纪主要思潮的一部分介绍进来,可惜国里的人能够领略的太少了。"梁启超,《五十年中国进化概论》,见《饮冰室合集》(第五册),北京:中华书局,1989,文集之三十九,页44。

多活气。新近回国的留学生,又很出了几位人物,鼓起勇气做全部解放的运动,所以最近两三年间,算是划出一个新时期来了。①

说梁启超在这篇文章里清晰地表达了对新文化运动的高度肯定自然不假,但任何进一步的推论都可能是不恰当的。特别是,如果我们能够考虑到,在写作这篇文章三年前的 1919 年,梁启超已经写出了在他的后期思想中具有重要指向性作用且实际影响也非常巨大的《欧游心影录》。换言之,从器物到制度到文化,这是梁启超描述五十年来中国人自我反思的基本历程而建立起来的一个分析性框架,其概括力之强也主要来自其描述性特征。反思自己的不足并向作为他者的西方学习,这一点能够得到也在实际上得到了广泛的认同。因而使得从器物到制度再到文化的演进,后来成为一个广为流传也广被接受的分析性框架。至于反思的结果是导向对他者的全盘接受,还是基于新的反思标准重构自身的传统,则可被合理地看作是基于这个共同的分析性框架而进一步呈现出来的问题。显然,"知不足史"的描述方式本身仍然具有明显的思想倾向,这自然是因为在这一分析性框架中新的反思标准已然西化。

对于民国以来实际上非常糟糕的政治状况,梁启超也未视而不见或刻意回避,自然也不会像几年前他的老师康有为那样,将矛头直接对准共和体制进行大肆攻击。毋宁说,梁启超采取了一种比较迂回的策略继续捍卫共和政治。他提出,"国民对于政治上的自觉,实为政治进化的总根源";而从国民的政治自觉这一视角看,民族建国和民主建国这两种精神的滋长与发扬,就是中国政治进化最鲜明的证据。② 于是,

①　梁启超,《五十年中国进化概论》,前揭,文集之三十九,页 44-45。
②　"这两种精神,从前并不是没有,但那意识常在睡眠状态之中,朦朦胧胧的,到近五十年——实则是近三十年——却很鲜明地表现出来了。……总之在最近三十年间我们国民所做的事业,第一件,是将五胡乱华以来一千多年外族统治的政治根本划除;第二件,是将秦始皇以来二千多年君主专制的政治永远消灭。而且这两宗事业,并非无意识的偶然凑会,的确是由人民一种根本觉悟经了很大的努力,方才做成。就这一点看来,真配得上进化这两个字了。"梁启超,《五十年中国进化概论》,前揭,文集之三十九,页 46-47。以国民的政治自觉为政治进化的总根源,涉及梁启超晚年对于进化思想的新理解,即他认为人的"意力"是进化的根本动力,此义已明确见于《欧游心影录》,受到西方唯心论思想特别是新康德主义的影响,而其发端则可追溯到早年他对佛学的钻研。

针对当时人们对于共和政治的普遍失望和悲观情绪,梁启超明确地表达了自己的乐观态度,而所凭之重心仍在国民的觉悟:

> 我对于中国政治前途,完全是乐观的。我的乐观,却是从一般人的悲观上发生出来。我觉得这五十年来的中国,正像蚕变蛾蛇蜕壳的时代。变蛾蜕壳,自然是一件极艰难极苦痛的事,那里能够轻轻松松的做到。只要他生理上有必变必蜕的机能,心理上还有必变必蜕的觉悟。那么,把那不可逃避的艰难苦痛经过了,前途便别是一个世界。①

以器物、制度、文化来描述晚清到"五四"的思想变迁,似乎陈独秀在 1916 年的《吾人最后之觉悟》一文中已经"首揭斯义"。② 其实,不仅陈独秀在该文中提出的欧洲文化输入之七期说并未明确使用器物、制度与文化的概括,而且梁启超的三阶段说还可以追溯到更早。1899年 12 月,梁启超在《清议报》发表《国民十大元气论》(又名《文明之精神》),一开篇说明写作的缘由,通过区分形质之形质、形质之精神与精神之精神三个不同层次来刻画文明的内涵,并强调求文明更当从精神入:

---

① 梁启超,《五十年中国进化概论》,前揭,文集之三十九,页 47。在表达这个乐观态度之前,梁启超也分析了政治令人失望的两方面原因,并依凭"新觉悟"而来的"新奋斗"断言将来的"新气象":

> 第一件,革命时候,因为人民自身力量尚未充足,不能不借重固有势力来做应援。这种势力,本来是旧时代的游魂。旧时代是有二千多年历史的,他那游魂,也算得"取精用宏",一二十年的猖獗,势所难免。如今他的时运,也过去大半了,不久定要完全消灭。经过一番之后,政治上的新时代,自然会产生出来。第二件,社会上的事物,一张一弛。乃其常态。……但我想这时代也过去了。从前的指导人物,像是已经喘过一口气。从新觉悟,从新奋斗,后方的战斗力,更是一天比一天加厚。在这种形势之下,当然有一番新气象出来。

② 汪晖以"从器物-制度层面的变革向观念层面的变革的转化与突进"来概括我们这里所说的三阶段说,并认为是陈独秀"首揭此义",他似乎没有注意到梁启超更为清晰的论述。见汪晖,《文化与政治的变奏——一战与中国的"思想战"》,上海:上海人民出版社,2014,页 4。

文明者,有形质焉,有精神焉。求形质之文明易,求精神之文明难。精神既具,则形质自生;精神不存,则形质无附。然则真文明者,只有精神而已。故以先知先觉自任者,于此二者之先后缓急,不可不留意也。……求文明而从形质入,如行死港,处处遇窒碍,而更无他路可以别通,其势必不能达其目的,至尽弃其前功而后已;求文明而从精神入,如道大川,一清其源,则千里直泻,沛然莫之能御也。

所谓精神者何?即国民之元气是矣。自衣服饮食器械宫室,乃至政治法律,皆耳目之所得闻见者也,故皆谓之形质。而形质之中,亦有虚实之异焉。如政治法律,虽耳可闻目可见,然以手不可握之,以钱不可购之,故其得之也稍难。故衣食器械者,可谓形质之形质,而政治法律者,可谓形质之精神也。若夫国民元气,则非一朝一夕之所可致,非一人一家之所可成,非政府之力所能强逼,非宗门之教所能劝导。孟子曰:"以直养而无害,则塞于天地之间",是之谓精神之精神。求精神之精神者,必以精神感召之,若支支节节,模范其形质,终不能成。语曰:"国于天地,必有与立。"国所与立者何?曰民而已。民所以立者何?曰气而已。故吾今者举国民元气十大端次第论之,冀我同胞赐省览而自兴起焉。①

之前我已指出,梁启超的"国民元气"一词,也是来自孟德斯鸠的《论法的精神》。② 国民元气论的提出,实际上意味着梁启超在孟德斯鸠的影响下概括出了他对文明的理解。如果在此使用后来的刻画,那么,我们可以非常合理地推论说,器物、制度与文化,其实是梁启超所理解的一个文明的三大要素。而在 1922 年,他以他所理解的文明的三大要素为框架来描述五十年来中国思想的变化轨迹。③

---

① 梁启超,《国民十大元气论》,见《饮冰室合集》(第一册),前揭,文集之三,页 61-62。
② 在《法理学大家孟德斯鸠之学说》一文中,梁启超把孟德斯鸠"三种政体的精神"翻译为"三种政体的元气",这是"国民元气"概念的直接思想来源。见唐文明,《立宪与共和之争中的国家、国族与国民问题》,载刘梦溪主编,《中国文化》,2018 年春季号,第 47 期。
③ 这里的对应是清楚的:器物为形质之形质,制度为形质之精神,文化为精神之精神。另外,形质与精神的对举,在后来亦见于严复翻译的《法意》,现在翻译为"政体之性质与原则",严复翻译为"政体之形质与精神"。我没有查阅日译本的翻译情况。

1901 年,梁启超在《清议报》发表《中国积弱溯源论》。值得指出的是,这篇文章原来的标题是《中国近十年史论》,显示其命意与《五十年中国进化概论》有类似之处。我已经指出,《中国积弱溯源论》与《新民说》开了后来新文化运动讨论国民性问题的先河,这也是因为梁启超早在戊戌之前就在严复的影响下提出"共和与美德"这个与文化问题密切相关的孟德斯鸠议题。① 在此,我还要做另一个重要的补充。我认为,梁启超区分公德与私德,也是在孟德斯鸠的直接影响之下。

早在 1899 年,梁启超就专门写过孟德斯鸠,而 1902 年发表于《新民丛报》的《法理学大家孟德斯鸠之学说》,则是一篇有关孟德斯鸠思想的比较完整、成熟的论文。该文一开篇,梁启超就引用孟子的话而以"首屈一指的王者师"来推许孟德斯鸠:

> 孟子曰:"有王者起,必来取法。是为王者师也。"近世史中诸先哲,可以当此语而无愧者,盖不过数人焉。若首屈一指,则吾欲以孟德斯鸠当之。②

在论及"共和国尚德"及其与其他两种政体的差异时,梁启超说:

> 而其所谓德者,非如道学家之所恒言,非如宗教家之所劝化;亦曰爱国家、尚平等之公德而已。孟氏以为专制立君等国,其国人无须乎廉洁正直。何以故? 彼立君之国,以君主之威,助以法律之力,足以统摄群下而有余;专制之国,倚刑戮之权,更可以威胁臣庶而无不足。若共和国则不然,人人据自由权,非有公德以自戒饬,而国将无以立也。③

我们知道,孟德斯鸠在论及共和国崇尚美德时特别说明,他这里所

---

① 唐文明,《立宪与共和之争中的国家、国族与国民问题》,载刘梦溪主编,《中国文化》,2018 年春季号,第 47 期。

② 梁启超,《法理学大家孟德斯鸠之学说》,见《饮冰室合集》(第二册),前揭,文集之十三,页 18。在比较卢梭、伏尔泰(他译为福禄特尔)与孟德斯鸠时,梁启超说:"卢氏之说,以锐利胜;福氏之说,以微婉胜;孟氏之说,以致密胜。三君子者,轩轾颇难,而用力之多,结果之良,以孟氏为最。"

③ 梁启超,《法理学大家孟德斯鸠之学说》,前揭,文集之十三,页 22-23。

谓的美德并非私人领域的美德,而是关乎公共福利的政治美德,具体来说就是爱共和国与爱平等。① 显然,孟德斯鸠对政治美德与私人领域的美德的区分,正是梁启超提出公德与私德之区分的直接思想来源。在《论公德》一节,梁启超正是以"爱群爱国"作为他所谓的"公德"的核心涵义。而之后数节论及国家思想、权利思想、义务思想以及自由、自治等理念,也充分表明他所谓的"公德"具有鲜明的时代特征,其思想归宿即是孟德斯鸠笔下的现代工商业共和国。只有挑明这一点,才能理解他为什么认为儒教传统中的五伦观念都属于私德,也才能理解他为什么敢于提出"德也者,非一成不变者也"这种连自己都觉得"颇骇俗"的论调并明确表示赞同道德革命。②

---

① "我这里所指的是政治美德。——政治美德,在它以公共福利为目的这一意义上,是道德上的美德。我所指的,绝少是私人道德上的美德,而且绝不是那种同宗教上的'启示真理'有关的美德。"孟德斯鸠,《论法的精神》,张雁深译,北京:商务印书馆,1995,页23,译文略有改动。严复则直接以"公德"翻译"政治美德",而与私德对举:"所言者公德。公德非他,以私德为其公益者耳。但今不暇言私德。至于宗教之道德则尤所不遑。"孟德斯鸠,《法意》,严复译,北京:北京时代华文书局,2014,页27-28。另,孟德斯鸠在《论法的精神》第五章第二节明确将他所谓的共和美德概况为"爱共和国"。对共和主义传统中爱国之美德的阐发,可参见毛里齐奥·维罗里,《关于爱国》,潘亚玲译,上海:上海人民出版社,2016。

② "是故公德者,诸国之源也,有益于群者为善,无益于群者为恶,此理放诸四海而准,俟诸百世而不惑者也。至其道德之外形,则随其群之进步以为比例差,群之文野不同,则其所以为利益者不同,而其所以为道德者亦自不同。德也者,非一成而不变者也,非数千年前之古人能立一定格式以范围天下万世者也。然则吾辈生于此群,生于此群之今日,宜纵观宇内之大势,静察吾族之所宜,而发明一种新道德,以求所以固吾群、善吾群、进吾群之道,未可以前王先哲所罕言者,遂以自画而不敢进也。知有公德,而新道德出焉矣,而新民出焉矣!"其后自注云:

　今世士夫谈维新者,诸事皆敢言新,惟不敢言新道德,此由学界之奴性未去,爱群、爱国、爱真理之心未诚也。盖以为道德者,日月经天,江河行地,自无始以来,不增不减,先圣昔贤,尽揭其奥,以诏后人,安有所谓新焉旧焉者。殊不知道德之为物,由于天然者半,由于人事者亦半,有发达有进步,一循天演之大例。前哲不生于今日,安能制定悉合于今日之道德? 使孔孟复起,其不能不有所损益也亦明矣。今日正当过渡时代,青黄不接,前哲深微之义,(转下页注)

作为新文化运动中最重要的一个思想主题，国民性批判是被共和危机激荡出来的。当宪政与民主无法良性运行，如果还想捍卫共和，而不是像康有为那样从根本处质疑共和制度的缺陷的话，那么，对共和危机的诊断还剩下一种可能，就是诉诸国民美德的缺乏。① 这个早就由严复、梁启超等人开展出来的思想主题，在民国初年随着共和制度的失效、失灵而突显出来，也标志着思想界在探求现代中国的道路上明确从制度问题转向了文化问题。基于这个分析，再去看陈独秀在新文化运动中的言论，我们会发现，在1920年明确接受马克思主义之前，陈独秀对共和政治的关切重点和由此而提出的文化主张，完全处在严复、梁启超早就预制了的这个问题脉络之中，尽管在具体性上增加了一些时代因素。

陈独秀提出伦理的觉悟乃是"吾人最后的觉悟"，是基于他对政治

（接上页注）或湮没而未彰，而流俗相传，简单之道德，势不足以范围今后之人心，且将有厌其陈腐而一切吐弃之者。吐弃陈腐，犹可言也，若并道德而吐弃，则横流之祸，曷其有极！今此祸已见端矣。老师宿儒或忧之，劬劬焉欲持宋元之余论以遏其流，岂知优胜劣败，固无可逃，捧抔土以塞孟津，沃杯水以救薪火，虽竭吾才，岂有当焉。苟不及今，急急斟酌古今中外，发明一种新道德者而提倡之，吾恐今后智育愈盛，则德育愈衰，泰西物质文明尽输入中国，而四万万人且相率而为禽兽也。呜呼！道德革命之论，吾知必为举国之所诟病，顾吾特恨吾才之不逮耳，若夫与一世之流俗人挑战决斗，吾所不惧，吾所不辞。世有以热诚之心爱群、爱国、爱真理者乎？吾愿为之执鞭，以研究此问题也。

见梁启超，《新民说》，见《饮冰室合集》（第六册），前揭，专集之四，页15。这里有明显针对康有为的意思，因为康有为反对道德革命，故而倡《物质救国论》。

① 对共和危机的诊断可能将质疑的目光直接指向代议制，但对代议制的质疑，往往也会被归到国民美德的缺乏上。如陈独秀将共和危机归因于"民族之公德私德之堕落"，并就此而言"拔本塞源之计"："今日之中国，外迫于强敌，内逼于独夫，非吾人困苦艰难，要求热血烈士为国献身之时代乎？然自我观，中国之危，固以迫于独夫与强敌，而所以迫于独夫强敌者，乃民族之公德私德之堕落有以召之耳。即今不为拔本塞源之计，虽有少数难能可贵之爱国烈士，非徒无救于国之亡，行见吾种之灭也。"陈独秀，《我之爱国主义》，见《独秀文存》，合肥：安徽人民出版社，1987，页60。另外，和受到孟德斯鸠影响的严复、梁启超一样，陈独秀也将国民劣根性归咎于数千年的专制，只是专制的历史在他那里又增加了"洪宪皇帝"这一段："经数千年之专制政治，自秦政以讫洪宪皇帝，无不以利禄奔走天下，吾国民遂沉迷于利禄而不自觉。卑鄙龌龊之国民性，由此铸成。"见《独秀文存》，前揭，页64。

觉悟的理解。陈独秀对政治觉悟的理解与梁启超后来的叙述大同小异，而又依思想的层次分为三步：第一步是应当认识到国家为国民公产；第二步是应当认识到共和政体相对于专制政体的优良，具体说来，前者是"自由的自治的国民政治"，后者则是"官僚的专制的个人政治"；第三步是陈独秀申说的重点，即应当认识到共和有赖于多数国民的自觉与自动：

> 所谓立宪政体，所谓国民政治，果能实现与否，纯然以多数国民能否对于政治，自觉其居于主人的主动的地位为唯一根本之条件。自居于主人的主动之地位，则应自进而建设政府，自立法度而自服从之，自定权利而自尊重之。倘立宪政治之主动地位属于政府而不属于人民，不独宪法乃一纸空文，无永久厉行之保障，且宪法上之自由权利，人民将视为不足重轻之物，而不以生命拥护之，则立宪政治之精神已完全丧失矣。①

基于对国民自治的认识，陈独秀批判了古今不同版本的贤能政治，而以"伪立宪"、"伪共和"称之，在当时的语境里自然有针对代议制的明显意味，而其实际所指，则是当时的军阀问题：

> 共和立宪而不出多数国民之自觉与自动，皆伪共和也，伪立宪也，政治之装饰品也；与欧美各国之共和立宪绝非一物。以其于多数国民之思想人格无变更，与多数国民之利害休戚无切身之感也。②

在陈独秀看来，既然应当作为自治主体的国民的自觉是政治觉悟最关键的一步，那么，与此相关的伦理觉悟就必须提到日程上来。陈独秀的思想推论是，共和政治是"以自由平等独立之说为大原"的"道德政治"，古代中国实行的则是以"儒者三纲之说"为大原的"伦理政治"。于是，要在政治上采用共和立宪制，就必须将原来别尊卑、明贵贱的伦理政治转变为重独立、尚平等的道德政治。这就要求一种伦理上的觉

---

① 见《独秀文存》，前揭，页40。

② 同上。

悟,即通过破除三纲而获得具有真正国民身份的新的政治主体。①

新文化运动前期,陈独秀的不少文字都在申说此义。直观地看,陈独秀申说此义往往采取批判康有为的方式。但仔细分析会发现,他的锋芒所指,绝不仅仅是康有为,也直接指向新文化运动以来明确反对康有为的所有新儒家。② 在较弱的意义上,他也反对以宗教制度来重建

---

① 陈独秀批判三纲,主要是为了批判秦以后的中国政治,就此而言,他的批判是有效的。但是,在他对三纲的理解上,存在着混淆儒家与法家的问题。在 1937 年 10 月 1 日发表于《东方杂志》34 卷 18、19 号的《孔子与中国》一文中,陈独秀以法家为儒家的支流,认为是韩非、李斯实行了孔子开创的礼教,甚至将孔子比作中国的马基雅维利,清晰地呈现了他对儒法关系的错误理解:

> 这一君尊臣卑、父尊子卑、男尊女卑三权一体的礼教,创始者是孔子,实行者是韩非、李斯。(韩非、李斯都是荀子的及门弟子,法家本是儒家的支流,法家的法即儒家的礼,名虽不同,其君尊臣卑、父尊子卑、男尊女卑之义则同,故荀子说:"礼者,法之大分,类之纲纪也。"司马迁谓韩非"归本于黄老",真是牛头不对马嘴的胡说,这是由于他不懂得尊礼法与反礼法乃是儒法与黄老根本不同的中心点。)孔子是中国的 Machiavelli,也就是韩非、李斯的先驱,世人尊孔子而薄韩非、李斯,真是二千年来一大冤案。

如果说三纲意味着三种支配性权力的确立,那么,儒家与法家的三纲说存在着义利之辨,前者是以仁义为三种支配性权力的正当性基础,后者则以利欲为三种支配性权力的正当性基础,具有根本的不同。或如刘咸炘所分析的那样,儒家三纲说中的"纲"应当被正确地理解为"典范"。另外,针对陈独秀的《孔子与中国》,李源澄专门写了《评陈独秀的孔子与中国》及《与陈独秀论孔子与中国》二文,对儒家与法家在三纲问题上的差别有细致、深入的辨析。参见《李源澄著作集》(三),台湾:"中央"研究院中国文哲研究所,2008。

② 从以下文章标题足可以看到陈独秀在批判儒教时主要以康有为为靶子:《驳康有为致总统总理书》《宪法与孔教》《再论孔教问题》《复辟与尊孔》《驳康有为〈共和平议〉》等。不过,陈独秀笔下的康有为仍是作为企图在共和时代为儒教招魂的所有势力的总代表,此义可明显见于 1916 年 12 月发表的《袁世凯复活》一文。针对蔡元培提出袁世凯实际上代表了"吾国三种之旧社会"——"黑暗之官僚"、"顽旧之学究"和"迂怪之方士",陈独秀隐指康有为为"袁世凯二世",并进一步发挥说:"蔡先生谓袁世凯代表吾国三种旧社会,余谓此袁世凯二世则完全代表袁世凯,不独代表过去之袁世凯,且制造将来之无数袁世凯。袁世凯之废共和复帝制,乃恶果非恶因;乃枝叶之罪恶,非根本之罪恶。若夫别尊卑,重阶级,主张人治,反对民权之思想之学说,实为制造(转下页注)

陈独秀论共和与孔教的"势不两立",涉及制度层面,但更主要还是伦理层面。在制度层面,陈独秀主要反对国教说,理由是"信教自由,已为近代政治之定则"。①在较弱的意义上,他也反对以宗教制度来重建孔教,因为他的真实观点是,"孔教绝无宗教之实质与仪式,是教化之教,非宗教之教。"②如果说制度层面的两个反对都是明显针对康有为,那么,伦理层面的反对则旨在与儒教传统的旧伦理、旧文化彻底决裂。就这一点而言,将陈独秀与奠定了新文化运动以来新儒家的思考方向的梁启超对照起来看很有启发性。

陈独秀和梁启超一样,都是共和政治的拥趸,且都强调共和政治需要国民的政治美德。在《宪法与孔教》一文中,陈独秀强调,比起讨论"孔教是否宗教"和"孔教可否定入宪法"这两个问题,更为根本从而也更为紧要的是"孔教是否适宜于民国教育精神"的问题。也就是说,共和国民的教育精神问题才是他讨论"宪法与孔教"问题的重心所在。在他看来,既然"共和国民之教育,其应发挥人权平等之精神,毫无疑义",那么,孔子之道就与"平等人权之新信仰"及基于此新信仰才能建设成功的"新社会新国家"不相容。③陈独秀与梁启超的差异即在此处呈现:梁启超认为可以将儒教的伦理与道德作出截然的切割,祛除旧伦理,改造旧道德,在此基础上成就共和所需要的公德。而陈独秀则认

（接上页注）专制帝王之根本恶因。吾国思想界不将此根本恶因铲除净尽,则有因必有果无数废共和复帝制之袁世凯,当然接踵应运而生,毫不足怪。"见《独秀文存》,前揭,页89-90。

① 陈独秀,《驳康有为致总统总理书》,见《独秀文存》,前揭,页69。

② 陈独秀,《驳康有为致总统总理书》,见《独秀文存》,前揭,页69。此处有注云:"宗教实质,重在灵魂之救济,出世之宗也。孔子事鬼,不知死,文行忠信,皆入世之教,所谓性与天道,乃哲学,非宗教。"之所以说他在较弱的意义上反对以宗教的方式重建孔教,是因为从信仰自由、结社自由的政治价值出发推论的话,信仰孔教的人自然有在社会上结成独立的精神团体的自由,这是他"让一步言之"而得出的一个较为勉强的结论:"使孔教会仅以私人团体,立教于社会,国家固应予与各教同等之自由。"陈独秀,《宪法与孔教》,见《独秀文存》,前揭,页74。此义又见于《再论孔教问题》:"假令从社会之习惯,承认孔教或儒教为一名词,亦不可牵入政治,垂之宪章;盖政教分途,已成公例,宪法乃系法律性质,全国从同,万不能涉及宗教道德,使人得有出入依违之余地。"见《独秀文存》,前揭,页92。

③ 见《独秀文存》,前揭,页75、79。

为,旧伦理是儒教之为儒教的特质,是"中国独有之文明"的标志。至于儒教传统中那些无涉于特别的伦理而仅关涉待人接物之方式与个人处事之性情的一般美德,则属于普遍性的美德,并非儒教特色。易言之,一方面不可能通过将伦理与道德截然切割的方式,获得一种为共和保驾护航的、更新了的儒教,另一方面从共和所需要的政治美德来看也不需要这样。于是,结论自然就是,为了给共和开路,必须同时从制度上和精神上彻底清除儒教的影响。①

换言之,梁启超企图通过"去伦理而存道德"的思路,对儒教传统进行无害化的处理和改造,从而期许一种既与共和时代相适应,也能培养共和政治所需要的国民美德的新儒学。陈独秀则坚持认为不可能做出这种无害化的处理和改造,从而得出共和与儒教势不两立的结论。如果说梁启超的这一思路规定了新文化运动以来新儒家的思考方向,那么,陈独秀论说的严峻性和深刻性则在于,实际上他已经挑明,将伦理与道德完全切割,进而采取"去伦理存道德"的方式革新儒教,本质上和宣布儒教死亡没什么两样。②

对共和危机的诊断落在国民公德的缺乏上,从而落在与旧制度相应的旧文化、旧伦理上,这是中国现代性方案转向文化领域的一个重要原因。我们可以清晰地看到,对共和危机的这一诊断的潜台词其实是,启蒙只要还不能够从政治领域深入文化领域,不能从根本上清除旧文化的坏影响,就不够彻底。反过来说,新文化运动的主将们大都相信,只有更加彻底的启蒙才能真正解决共和危机。陈独秀所谓"吾人最后之觉悟"实际上就是在呼吁这种更加彻底的启蒙。至于梁启超,虽然在新文化的建设方面与陈独秀的看法相异乃至对立,但两人高度一致的是,捍卫启蒙彻底化的逻辑,认为应当将启蒙主义的反思全面贯彻到文化领域,从而为现代中国的启蒙主义谋划确立一个干净的起点。其实,从前面的分析我们已经能够看到,梁启超高度拥护新文化运动,正是因为新文化运动本来就是在梁启超早年受严复、孟德斯鸠影响而开创出来的思考方向上展开的。

在此,对比一下康有为的相关看法,或许更能突显梁启超、陈独秀

---

① "若夫温良恭俭让信义廉耻诸德,乃为世界实践道德家所同遵,未可自矜特异,独标一宗者也。"陈独秀,《宪法与孔教》,见《独秀文存》,前揭,页78。

② 人伦观念为儒教核心价值,只可随时调适,不可轻易丢弃。

等人启蒙思想的激进化倾向。康有为认为共和政治本身存在缺陷，没有君主和国教是共和危机的根本原因，于是他提出，应当重建君主制和国教而为共和保驾护航。作为新文化运动的提倡者和拥护者，梁启超、陈独秀等人的看法则是，必须彻底反对君主制，反对国教，反对与这些旧制度相应的旧文化，才能为共和彻底清除障碍。相比于康有为，梁启超、陈独秀等人的看法自然显示出更为强劲、更为彻底的启蒙主义信念。对梁启超而言，这其实是他一生中与乃师康有为最为重大的一个思想分歧；对陈独秀而言，我们也应当指出，他的激进启蒙信念其实是来自孔德关于人类社会进化的"三时代说"。① 总之，以上分析足可表明，在新文化运动的主将们那里，新文化运动的真意就是通过彻底清除旧制度及其相应的旧文化而与旧时代彻底断裂，这是来自启蒙主义最强劲的自我表达，是启蒙主义最清晰的自我确认。

二

理解新文化运动中的思想争论的另一条线索是对第一次世界大战的反思。由于共和政治来自西方，对"一战"的反思也能恰当地放置在对共和危机的诊断这个时代主题之下，这一主题对中国思想界而言更为紧迫。② 如果说"共和与美德"的孟德斯鸠议题使得批判的矛头指向了中国传统文化，那么，通过世界大战来解读共和危机则意味着，反思

---

① 在新文化运动期间发表的文章里，陈独秀多次提到孔德（他译为"孔特"）的"三时代说"，比如在《近代西洋教育》一文中，在说明近代西洋教育的世俗化特征时他说："孔特分人类进化为三时代：第一曰宗教迷信时代，第二曰玄学幻想时代，第三曰科学实证时代。欧美的文化，自 18 世纪起，渐渐的从第二时代进步到第三时代，一切政治、道德、教育、文学，无一不含着科学实证的精神。……西洋教育所重的是世俗日用的知识，东方教育所重的是神圣无用的幻想；西洋学者重在直观自然界的现象，东方学者重在记忆先贤先圣的遗文。我们中国教育，若真要取法西洋，应该弃神而重人，弃神圣的经典而重自然科学的知识和日常生活的技能。"见《独秀文存》，前揭，页 108、109。

② 汪晖已经指出了这一点："在战争期间，对共和危机的讨论逐渐地与对由战争引发的文明危机的思考关联在一起。"见《文化与政治的变奏》，前揭，页 23。在这篇长文中，汪晖对于"一战"与中国的"思想战"进行了非常详细、深入的分析。

的对象聚焦于西方现代文明了。这种反思依然基于西方现代文明的核心价值，因而实际上仍出自西方现代文明内部的不满。以大多数人都同意的概括而言，"一战"所呈现出来的西方社会的主要问题说起来只有一个，即未能真正实现平等。在民族国家体制所划分出来的内外界限之下，不平等的问题同时表现在内外两个领域：对内是阶级的不平等，西方社会中贫民窟的存在就是明证；对外则是民族的不平等，惨烈的世界大战就是明证。

汪晖已经指出，"一战"前后，杜亚泉主编的《东方杂志》一直跟踪报道战争状况，并主动从东西文明之对比中反思战争根源。实际上，对比新文化运动期间的相关讨论，杜亚泉也是在这个主题上走得最远的思想家。在发表于1918年的《对于未来世界之准备如何》一文中，杜亚泉开篇就以"纵有国家战争，横有阶级战争"来刻画当时的世界形势，指出这两种战争的根源都在于经济关系，而社会主义者早已揭露了现代经济制度的"根本错误"：

> 所谓国家战争、阶级战争，其原因皆起于同一之经济关系，此固世人之所公认者。故经济关系不改良，则虽战争之现象即可终止，而战争之原因依然存在。第二次之大爆发，其期日殆不能甚远。……社会主义者，以现世界之经济制度，根本错误，致生产分配不均，贫富悬隔太甚。过激者因而欲废弃地主资本家之特权，将一切生产匀配于一切劳动者之手。此等均富之说，共产之论，骇人听闻，予辈殊不欲效其口吻。第其所揭示现世界经济制度之破绽，实已确不可掩。①

杜亚泉赞同社会主义者对现代经济制度的揭露，认为大战后的欧洲必然转向社会主义，但他不赞同社会主义阵营中那些以均富之说、共产之论为解决方案的"过激派"的主张，而是在较大程度上认可欧洲的社会党所推行的旨在济贫救困的社会政策。在说明这种明显具有改良性质的社会主义的合理性时，杜亚泉诉诸"生存权"（right to existence）的概念。他所谓的"生存权"是指人的一项自然权利，即"人类各有应得生存于世上之权利"。他以人的生存权为"自由竞争达于一定限度

---

① 伧父，《对于未来世界之准备如何》，载《东方杂志》，第15卷第10号，页2。

以后"必然遭遇的"一极大之障碍物",言下之意即是以生存权为自由竞争应有的限度。从政府有救济灾民的义务中,杜亚泉分析出中国过去的社会在习惯上也承认人的生存权,尽管没有这个概念。①

在杜亚泉看来,社会政策的实施,不仅要靠政治手段,还要靠国民的觉悟,否则收效有限。于是,在《大战终结后国人之觉悟如何》一文中,他提出,除了政治上的社会主义,还有必要提倡"精神上之社会主义":

> 调剂于此两方面之社会政策,对于胜利者重其担负,以警其奢侈,对于失败者予以救济,以保其生存,自为当然之举。……此皆政府所宜尽之责任也。然戒奢侈、恤贫难,仅仅出于政府之政策,不由国民以仁心与义气实力行之,则收效有限。故社会主义行之于国家之政治上,不如行之于国民之精神上为善。②

明确提出欧洲的社会主义与基督教文化的关联,实际上就是将欧洲的新政治关联于其文化传统,背后亦包含着对欧洲 18 世纪以来的启蒙主义新文化的某种批判,而梁启超在《新民说》中念兹在兹、陈独秀在《新青年》中大力鼓吹的,正是这种启蒙主义的新文化。至于杜亚泉批判的要点,则卑之无甚高论,即认为启蒙主义的新文化可能因为鼓励人的利欲之心而难免于放纵人的贪婪,从而难免于国内和国际社会的丛林化。对杜亚泉来说,他最为着意的,则是他发现在中国的旧文化里

---

① "吾国人于此项权利,习惯上确实承认。如水旱偏灾之救济,贫困无告者之周恤,流亡失业者之收养,政府官吏及地方绅富,皆有应尽之义务。此种义务,其相对之权利为何? 即所谓生存权者是也。"伧父,《对于未来世界之准备如何》,前揭,页 4-5。在发表于 1919 年的《大战终结后国人之觉悟如何》一文中,杜亚泉也谈到,中国古代的"仁政"实际上包含着类似于欧洲的社会党所实行的社会政策,尽管没有"社会政策"这个概念:"我国古来虽无社会政策之名词,然所谓'仁政'云者,实包涵社会政策于其中。孟子所言文王治岐之仁政,在欧美人之眼光中,即视为社会政策之别开蹊径者。欧美所谓社会政策,若劳动者保险制度、工场保护法律,以及食料品由政府管理,限制日用品之最高价等,其方法未必能直接适用于吾国,然其意义则不外乎物质及精神上救助贫者弱者,兼限制富者强者,使不能以其资力侵害贫者弱者之生活,此固至公至平之政策,凡属贤明之政府皆当奉为矩矱者也。"见《东方杂志》,第 16 卷第 1 号,页 6。

② 伧父,《大战终结后国人之觉悟如何》,前揭,页 7。

包含着克服此种文化疾病的精神资源。这就使他将社会主义这种即将或正在成为世界潮流的新政治与中国的旧文化关联起来。质言之，既然中国的旧文化也能够作为"精神上之社会主义"，而与政治上的社会主义这一20世纪的世界新潮流相一致，那么，中国的旧文化、旧文明就还有光明的前途。在《对于未来世界之准备如何》（前揭，页11）一文中，杜亚泉已经将这一点清晰地表达出来：

> 不知吾国数千年来之固有文明，决不能为百余年来新产之西洋文明所破坏。欧洲诸国在现时既实行社会政策，战争以后，其政府之经营与民众之思想，必益益倾向于社会主义。而所谓社会政策、社会主义者，实凤为吾国之所倡导。……吾国五千年以前之旧文明，将流入西洋，发生二十世纪之新文明。愿吾国人，勿拾取西洋十八九世纪中已被破坏之文明断片，掊击吾人之固有文明。

从以上梳理和分析来看，似乎杜亚泉完全服膺来自欧洲的社会主义，而又在文化上鼓吹以儒教取代基督教作为社会主义的精神资源。实际上，杜亚泉对"一战"的反思不止于此，而是还有更深的一层。对于欧洲的社会党，杜亚泉有一个敏锐的观察及基于此观察的深刻批评：他们的平等主张仅止于国内，从根本上说缺乏一种真正的世界主义情怀，而其后果则是，即使可以避免国家间的军事战争，也无法避免可能比军事战争更为惨烈的经济战争。他由此谈到这种局限于国内各阶级之平等的社会理想与"儒家之大同理想究不相同"：

> 大战争终结以后，各国必大扩张其工商事业，以恢复战时之损失，东亚大陆将起剧烈之经济战争。欧洲之社会党，虽亦有一二派反对经济上之侵略者，然大多数则不过要求资本之公有，利益之平均分配，使劳动界生活之向上而已；其主张之世界和平，仅及于军事范围，与我国儒家之大同理想究不相同。将来之经济战争，杀伤之多，或比西欧之战场为甚。①

因此，在杜亚泉看来，大战以后的社会主义转向并不容乐观，真正

---

① 伧父，《大战终结后国人之觉悟如何》，前揭，页6。

的挑战将来自新一轮的经济战争。必须将杜亚泉对欧洲社会主义的这个批评清晰地呈现出来，我们才能真正理解他以大战终结为新旧文明更替的历史性时刻这一在陈独秀看来几同梦呓的论断，才能真正理解他的东西文明调和论的深层含义，不管我们最终如何评价他的观点：

> 今大战终结，实为旧文明死灭、新文明产生之时期。旧文明者，即以权利竞争为基础之现代文明；而新文明者，即以正义公道为基础之方来文明也。但此在欧洲言之则然，若就我国言之，则当易为新文明死灭、旧文明复活之转语。盖我国今日，固以权利竞争为新文明，而以正义人道为旧文明也。我国近二十年之纷扰，实以权利竞争为之厉阶，皆食此所谓新文明者之赐，与欧洲国际间纷扰之祸根，实为同物。欧洲所竞争者，为国家权利，故发生国际战争，吾国人所竞争者，为个人权利，故发生国内战争，范围之大小虽殊，因果之关系则一。①

梁启超的三阶段说是以"知中国之不足"为观察视角，对"一战"的反思则促使中国思想界更多地"知西方之不足"，二者形成鲜明的对比。不过，如果在此做出一个线性的推理，认为中国思想界直到"一战"才开始反思西方现代文明的不足，则是一个错误的判断。实际上，从晚清以来，中国思想界对于西方的认知和接受一直包含着怀疑和批判的维度。毕竟，帝国主义从晚清以来一直是西方列强形象中最清晰的一个特征。即使高度认同欧洲社会党的社会主义主张的杜亚泉，也始终没有忽略这一点，从而做出关于未来世界之经济战争的预测。但是，如果说对"一战"的反思使得中国思想界对西方现代文明的质疑达到了前所未有的程度，则基本符合事实。

在此，关键是要指出，新文化运动中对西方现代文明的质疑，仍是基于西方现代文明所确立起来的核心价值。如果启蒙是西方现代文明

---

① 伧父，《大战终结后国人之觉悟如何》，前揭，页4-5。陈独秀在接受马克思主义之前的1918年和1919年，在《新青年》上相继发表《质问〈东方杂志〉记者》和《再质问〈东方杂志〉记者》两文，对杜亚泉及其同道的观点提出逼人的批评。而其主要关切，仍在复辟问题，如前文副标题即是"《东方杂志》与复辟问题"，后文一开篇即自称"信仰共和政体之人"，而认为《东方》杂志的论调，"足使共和政体根本动摇"。见《独秀文存》，页184、211。

之社会谋划的总名称,那么,这种质疑无疑属于启蒙的自我反思。正是在新文化运动的后期,启蒙的自我反思逐渐成为中国思想界的主流,这与由"一战"引起的世界性反思有很大关系。不过,即使中国在"一战"后作为战胜国联盟一方遭到耻辱性对待而引发抗议性的"五四运动",使中国人对西方的不满和失望达到了前所未有的程度,这种反思也没有走向对启蒙的根本质疑,反而在思想倾向和道路选择上都表现为对启蒙的继续推进。

新的思想倾向和道路选择指向社会主义的新政治,并由此期待一种新文明的出现,这成为那个时代思想界的高度共识。① 至于传统文化的新天命,即作为"精神上之社会主义",或者社会主义的新文化,则只为一部分同情者所主张,这些人在后来的研究者那里大都被归为新儒家。我们能够看到,无论是社会主义的新政治,还是传统文化的新天命,与《新青年》标榜的民主与科学这两个启蒙谋划的核心价值——更是那个时代思想界的高度共识——都不可能冲突,而是被认为应当会合于更前方。

当经济不平等被恰当地理解为资本主义与民主的矛盾,其实也就是从民主自身的不满来理解这个问题,解决的方案自然就是将民主的范围从资产阶级扩大到劳工阶级,所谓"平民政治之弊,唯有更广之平民政治以救济之"。② 在这个意义上,社会主义其实就是民主的扩大与推进,而首先表现于经济领域,在政治领域,亦是企图以更为广泛的大众民主来克服代议制的缺陷。社会主义者也相信,他们的主张并非基于"仇富"心理或仅仅停留于空想,而是基于科学的经济学分析之上,故而有科学社会主义之名。在这个意义上说,社会主义者是将科学作为他们提出政治主张的基础和导向变革行动的武器。

如果说发生在 1920 年以来的"社会主义论战"主要意味着参与新文化运动的启蒙主义者对民主的反思,那么,发生在 1923 年的"科学与人生观论战",则集中表现了这些启蒙主义者对科学的反思。科学主义者对玄学的批评显示,他们的立论仍以孔德的三时代说为基础。而即使是被丁文江讥讽为"玄学鬼"的张君劢,其实也不反对科学,而是基于他对德国现代哲学的把握为科学划定合理的范围,甚至也可以说客观上还

---

① 正如我早已指出的,就连胡适也能在宽泛的意义上被归入在一定程度上认同社会主义的学者。

② 张东荪,《贤人政治》,载《东方杂志》第 14 卷第 11 号,页 20。

是在巩固科学的地位,特别是,如果能充分考虑到处于科学与宗教之间的哲学——尤其是被丁文江等人极力批判的形而上学或玄学——在与这两端的思想关联和相应的性质归属上有着一定程度的暧昧的话。

由此亦可看出,为什么正是在新文化运动中,哲学,特别是唯心论哲学,成了亦属于启蒙主义阵营的新儒家的重要思想依凭。他们大都出于更彻底的启蒙主义信念反对康有为以宗教为蓝本重建孔教的思路,而企图仅以哲学的方式重构儒学以达到文化更新的目的。① 在这样的重构方案中,往往通过对"仁"的故意松垮的利他主义解释,将儒学的主要价值厘定为反对导致贪欲的利己主义。

启蒙的自我反思并未走向对启蒙的根本质疑,而是在启蒙务求彻底的信念下朝着继续启蒙的方向展开,以求启蒙的继续推进。这意味着新文化运动中启蒙的又一次激进化。启蒙的第二次激进化主要是被"一战"、十月革命、巴黎和会等国际事件激发出来,而在"五四"运动之后达到高潮。② 如果说启蒙的第一次激进化是企图清理与旧制度相关的旧文化,从而达到清理旧制度与旧文化的目的,那么,启蒙的第二次激进化则将自己的任务确定为改造新制度,创造新文化。

仍以民主与科学这两个启蒙的核心价值来说,在第一次激进化中,启蒙通过自我确认重申了民主与科学的价值,并以此来扫荡一切旧制度、旧文化。在第二次激进化中,启蒙通过自我反思进一步重申了民主与科学的价值,继续寻求更民主、更科学的统治形式,一言以蔽之,即从自由民主(liberal democracy)转向社会民主(social democracy)。如果说第一次激进化表现出异常明确的断裂意识,主要目的是斩断传统,那么,第二次激进化毋宁说是连续性大于断裂性。这主要是因为,尽管反思的力度非常之大,但启蒙主义的内部反思决定了这种反思不会导向与西方现代文明的彻底断裂,而是采取在同一个方向上继续推进或修正的态度。另外,如果考虑到那些能够以同情和敬意的态度对待传统的文化更新主义者,那么,认为传统文化尚有新天命的看法也呈现出连续性大于断裂性的特点,而这正是东西文明调和论所处的理论地带,新

---

①　经过了一百年的努力,我们看到,这一方案其实已经失败。

②　这么看来,1930 年代由张申府、陈伯达等中国共产党人士提出新启蒙运动就不是偶然,而是在"五四"以来启蒙的激进化道路上的一个顺理成章的主张,尽管1930 年代的历史处境又有新的变化。

文化运动以来的新儒家无不游走其间。①

结　语

在《文化与政治的变奏》一文中，就晚清思想与新文化运动的关系，汪晖提出了一种断裂论的观点。② 他援引霍布斯鲍姆的"短二十世

---

① 前面的分析已经表明，杜亚泉的东西文明调和论仍以来自西方现代的社会主义为基础，即仍以西方现代文明的自我反思为基础。而梁启超、张君劢、张东荪等人，则企图以"修正的民主主义"再造共和。梁漱溟在《东西方文化及其哲学》开篇就以梁启超的《欧游心影录》为靶子批评东西文明调和论，但他所做的不过是将西方文化、中国文化和印度文化作为世界历史全幅展开的三个相续的阶段来看待，离东西方文明调和的论调并不远，特别是就他提出我们对于西方文化应当采取的态度是"全盘承受，根本改过"这一点而言。

② 他一开篇就批评从器物、制度到观念的演进来描述晚清到"五四"的思想关联过于强调连续性，从而停留于线性思维，未能真正把握其间的文化转向的意义：

用器物、制度与观念的演进描述"五四"将晚清以降的变革置于直线发展的脉络中，没有真正把握"五四文化转向"中所蕴含的"转向"的意义。推动"五四"之"文化转向"的，不仅是从器物、制度的变革方向向前延伸的进步观念，而且更是再造新文明的"觉悟"。在第一次世界大战和中国的共和危机之中，18、19世纪的欧洲现代性模式正处于深刻危机之中——资产阶级民族国家、自由竞争的资本主义经济，以及与此相关的价值系统，突然失去了自明的先进性；共和危机与国家危亡不再仅仅被归咎于中国传统，而且也被视为19世纪西方现代文明的产物。因此，如何评价共和的制度与价值，如何看待19世纪末期以降被视为楷模的西方模式，以及由此引发的如何看待中国传统等问题，构成了"五四文化转向"的基本问题。促成这一转折的，除了共和危机外，欧洲战争与革命时代西方形象的变化也是重要因素：如果将梁启超早年的《新民说》与他写作于欧洲战争期间的《欧游心影录》相比，我们不难发现前者内含完美的西方形象，而后者却显示了西方文明的百孔千疮。梁启超此时谈论的"中国人之自觉"不再是借鉴西方文明的自觉，而是从西方文明危机中反观自身的自觉。（汪晖，《文化与政治的变奏》，前揭，页5－6）

其实，从上面的分析可以看到，由梁启超明确提出的从器物到制度再到文化的三阶段说与共和政治的孟德斯鸠议题有直接关系，且作为一个更多具有描述性特征的分析框架，三阶段说可以被不同政治立场的持论者所采纳并做出有利于各自立场的解释，而事实上也是如此。

纪论",认为"五四"文化运动的转向的意义在于与 18、19 世纪西方现代文明的断裂,而其后的激进政治和文化保守主义的兴起都只能基于这种断裂得到合理的解释。① 联系前面的分析,可以看到,汪晖的论述中所强调的断裂意识,更多地指向我们所说的启蒙的第二次激进化。他在文中引用陈独秀的《1916 年》来说明这种断裂意识,而实际的情况则是,1916 年的陈独秀仍然沉浸在"共和国民需要何种美德"的孟德斯鸠议题之中,也就是我们所说的启蒙的第一次激进化的思想氛围之中,直到 1920 年接受马克思主义他才发生更大的改变。②

在启蒙的第二次激进化过程中,诞生了马克思主义者和文化更新主义者——新儒家恰恰是在激进政治的思想道路上提出旧文化还有新天命的观点,因此,将他们称为文化更新主义者比文化保守主义者更符合他们的自我定位,从而也更为恰当。对于马克思主义者与文化更新主义者之间的差异,汪晖没来得及做进一步的分析。③ 新儒家与马克思主义者诚然都是"五四"之子,也都可以归入广义的社会主义阵营。但是,新儒家对于民主共和政治,大都采取修正的态度,尽管他们大都赞同对资本主义的批判。

在《从"文明"论述到"文化"论述——清末民初中国思想界的一个重要转折》一文中,黄克武基于一个敏锐的观察,将晚清到新文化运动的思想变化刻画为从文明论述到文化论述。他认为,这种论述的转向意味着中国思想界对现代性的理解摆脱了原来的西方中心主义,或用时下关于现代性研究的一些重要观念来说,是从原来单一的、非文化的现代性理解转向了多元的、文化的现代性理解。④ 可以看到,黄克武也

---

① "没有一种与 19 世纪政治—经济模式断裂的意志,中国的激进政治不可能形成;同样,没有这一断裂的意识,中国的那些被称之为'保守主义'的文化理论也不可能形成。"汪晖,《文化与政治的变奏》,前揭,页 8。

② 汪晖提到陈独秀曾宣告"十八世纪以来的政制已经破产",但这已经是在 1920 年了,见陈独秀发表于 1920 年 9 月 1 日的《谈政治》一文。

③ 按照他在"序论"中交代的写作计划,《文化与政治的变奏》只是他研究"五四"文化论战的上篇,中篇和下篇尚未见到。

④ "文明与文化代表两种思路,其影响有先后之别,大致上'文明'一词的流行要早于'文化'。1920 年代之前以'文明'观念为基础的'新史学''新民说''国民性改造'等均居于优势地位;其后'文化论述'起而竞逐。'文明'一观念具有西方中心、线性发展的历史视野,在此论述之下西方以外所有的（转下页注）

将与对"一战"的反思有密切关系的东西方文明之争放在其立论的重要位置。但与汪晖所主张的断裂论不同,他实际上主张一种连续论,且认为"文化民族主义者"和"文化保守主义者"才是真正取得了这一历史性反思成果的思想流派。黄克武的观点显然更符合新儒家的自我意识,特别是就文化意识和政治意识而言;对于新儒家非常重视的社会主义问题,他则基本没有论及。

如果说汪晖是将启蒙的第一次激进化打包到第二次激进化中加以处理,从而有意无意地忽略了两次激进化的差异,那么,黄克武则是将启蒙的第二次激进化放置在第一次激进化的框架内加以处理,从而有意无意地淡化了第二次激进化的意义。从我们的视角看,尽管在近观之下可能存在深刻的差异乃至对立,但双方的距离其实并不如想象的那么远,而是方向一致地显示出对启蒙信念的深刻认同。我们的分析业已表明,新文化运动所经历的两次激进化都完全内在于启蒙的信念。由此来看,李泽厚在更早时候提出的"启蒙与救亡的双重变奏论"也完全流于表面,不过是 1980 年代企图重新鼓吹启蒙的一个空洞的修辞。启蒙与救亡从来都不是对立的主题,因此也根本不是什么救亡压倒启蒙,而是启蒙的激进化,是启蒙在自我确认和自我反思中继续向前推进的不断激进化。

(接上页注)'不文明'之地区只反映了不同程度的野蛮状态;而如胡适所述,中国人的使命是'再造'一个以科学与民主为基础的新'文明',而'文明史'则述说此一普遍性的线性发展之过程。'文化论述'则摆脱了西方中心论,将焦点返回到自身之特质,而催生了近代中国的文化民族主义、文化保守主义。1920年代开始'文化'与'文化史'概念日益兴盛,并与文明论述有所区隔。此一现象与世界第一次大战有直接关系,战争之惨状与战后西方之残破让一些学者认识到东西文化差异为性质的而非程度的。以梁启超《欧游心影录》为转折点,近代中国思想经历了一个以普遍的、西方中心、线性进化论为基础的'文明论述'到强调中国文化具有精神价值、民族个性,并表现出空间差异之'文化论述'。杜亚泉、梁启超与梁漱溟等人为促成此一转折的关键人物,其言论对思想界有很大的冲击。"黄克武,《从"文明"论述到"文化"论述》,载《南京大学学报》,2017 年第 1 期,页 78。关于多元的现代性与单一的现代性的区别,可参多明尼克·萨赫森迈尔等编著,《多元现代性的反思:欧洲、中国及其他的阐释》,郭少棠、王为理译,北京:商务印书馆,2017;关于文化的现代性理论与非文化的现代性理论,可参查尔斯·泰勒,《两种现代性理论》,陈通造译,《哲学分析》2016 年第 7 期。

　　对于如今仍然盘踞在中国思想界的强劲的启蒙主义信念,我们能够提出的更为根本的质疑或许是:中国现代性方案的文化转向,看起来是为儒教文明的自我更新带来了一个新的契机。然而,仅仅局限于启蒙主义的视域,当儒教被迫沦为民族文化,被迫在民族主义的特殊性中安置自身,且在制度层面被彻底拔除,我们还能够在何种意义上谈论儒教文明的未来呢? 文化转向的确可能将儒教传统的重要性突显出来,但在文化与制度、器物相分离这个"体用两橛"的新处境下,文化如果不能获得新的落实形式,不能通过技艺重新掌握制度与器物,就只是一个失魄的幽魂。而如果这个失魄的幽魂不能清晰地显现给世人以告知历史的真相,也就不可能引发下一步的正确行动。

阅读尼采《善恶的彼岸》的一个新视角

伯恩斯(Timothy W. Burns) 撰

包帅 译

(浙江大学传媒与国际文化学院)

施特劳斯(Leo Strauss)最后发表的作品是《注意尼采〈善恶的彼岸〉的谋篇》,①本文试图简短解释其中相当神秘的论证要旨。

施特劳斯指出,在《善恶的彼岸》中,尼采似乎把柏拉图当作自己的最大对手,或者说,这本书是尼采和柏拉图之间的较量。施特劳斯将此书分为两部分,以开始呈现这场较量的实质内容。第一部分是第1章至第3章,主题是宗教和哲学;第二部分是第5章至第9章,主题是道德和政治,第4章"格言和插曲"将这两个部分分开。根据对《善恶的彼岸》的这种划分,施特劳斯表示,尼采与柏拉图之间的分歧是:对于尼采来说,首要的或根本的选择是哲人的统治还是宗教的统治,正如第一部分所示;另一方面,对柏拉图来说,最根本的选择是过哲学生活还是过政治生活,正如第二部分所示。但对于这两种主要选择的观点,施特劳斯并未视为扞格不通。事实上,他在这篇文章中指出,对政治或道德生活的审查,很可能也是柏拉图用以解决启示宗教对哲学的挑战的手段,至少就其可能解决而言。

施特劳斯还对自己的文章做了相当清晰的划分,以对应他对尼

---

① Leo Strauss, "Note on the Plan of Nietzsche's *Beyond Good and Evil*", *Interpretation* 3, nos. 2 & 3 (1973): 97–113. ([译按]中译本收于施特劳斯,《柏拉图式政治哲学研究》,张缨等译,北京:华夏出版社,2012,234–256)括号中的引用页码都是指这篇论文。先前对这篇论文的各种解读包括, Laurence Lampert, *Leo Strauss and Nietzsche*, Chicago: University of Chicago Press, 1997([译按]中译本参朗佩特,《施特劳斯与尼采》,田立年、贺志刚译,上海:华东师范大学出版社, 2005); Catherine Zuckert, *Postmodern Platos: Nietzsche, Heidegger, Gadamer, Strauss, Derrida*, Chicago: University of Chicago Press, 1996.

采著作的划分：文章共有三十八段，其中前十五段讨论《善恶的彼岸》前半部分；在两段关于"格言与插曲"的简短讨论后，便是关于尼采此书后半部分的二十一段讨论。我将描述这两部分之间相当显著的差异。在第一部分中，施特劳斯给我们的印象是，在某种程度上，尼采是而且自视为像帕斯卡（Pascal）那样的宗教人（homo religiosis）；尼采拥有一种"神学"，那就是权力意志论，或至少与其紧密相关。根据施特劳斯，权力意志论取代了柏拉图著作中的"纯粹心智"（pure mind）和"爱欲"（eros），它"在某种意义上是对上帝的辩护"，并在我们当前的境遇中"赋有生命力"（页101）。施特劳斯以此想要表明的意思，在第十二段中展露无遗，他指出尼采期待一种新宗教，其特点是"来自残酷的牺牲，即来自权力意志反对自身的牺牲，上帝的牺牲，这为崇拜石头、愚蠢、滞重（庄重）、命运以及虚无开辟了道路"。施特劳斯如此解释道：

> 换句话说，他期望当代的无神论者当中的较为出众者能够知道他们所从事的事情——"石头"使我们想起了阿那克萨戈拉对太阳的揭秘，期望他们能够意识到有一些事物即将到来，这些事物较之血污的宗教（foeda religio）或污秽（l'infâme）更能让人感受到难以捉摸的可怕、沮丧和堕落，也就是这样一种可能性、一种事实：人的生命全然没有意义、缺乏依凭，生命只是在生命之前与生命之后的无限时间之间的一瞬，在此前与此后的无限时间当中，人类是不存在的，也将不会存在下去。

在认识到人类生命短暂的真理、人类的有死性真相、万事皆空的真理之后，尼采并没有陷入无为或"悲观主义"，而是形成了一种新的理想，一种属于未来宗教的理想："对过去和现在的一切都永远加以肯定"（第13段），赋予生命力的"肯定"。也就是说，尼采热切地接受了同样事物永恒复返的学说。因为，对世界无意义的洞见，其核心就是鼓舞人心的权力意志论，"它的最具灵性的形式是哲学行动，即规定自然应当是什么、如何运行"。换句话说，柏拉图视之为反抗有死性意识的灵魂爱欲和非理性，尼采却当作一种新宗教的基础，在这种宗教中，哲人扮演上帝的角色，创造出一个有意义的世界，并通过权力意志使其永存。

施特劳斯指出了尼采形成这种宗教倾向的方式。尼采钦慕崇高和高贵,但他感受到了反对意见的力量,即所有等级秩序都不过是盲目历史的产物——他所视为至高的、哲学的生活,其实是由历史所造成的,而不是天生的或自然赋予我们的,或者说,"自然"也无非是历史进程的结果(参第 29 段)。因此,尼采寻求将历史融入自然(第 34 段)。但是,历史的产物中什么是自然的,什么不是?尼采承认,历史很可能导向末人,他的知性真诚使他内心承认:低等人、普通人、乌合之众会兴盛,而高等人则濒临灭绝,并可能实际上彻底灭绝。然而,尼采还是能消解低等人胜利的意义,将其解释为权力意志的内部反转、自我反对;它并不代表真正的或完善的人性获得了胜利。因此,权力意志学说允许推翻低等人或卑贱者所取得的历史胜利。但与此同时,它也使得尼采成了一位信徒,将人的等级大序视为一种意志、决定、承诺的行动产物。于是,上帝,即某种根本性的信仰,将位于所有尼采式"世界"的中心。这就说明了施特劳斯为何会尊重尼采:因为尼采表达了宗教信徒式的严肃观点,他是出于维护高贵的或道德的等级秩序而走向宗教信仰。

不过,在施特劳斯文章的后半部分,依据对《善恶的彼岸》后半部分的考察,对于尼采所理解的哲人宗教信仰,施特劳斯收回了或至少修改了他的看法。施特劳斯指出,在《善恶的彼岸》的后半部分中,尼采更喜欢把自己归于"学者",而非归于"宗教人"或具有创造神(god-forming)的本能的人(第 29 段)。施特劳斯还指出,尼采在其著作第二部分的论证中变得更为真诚或清晰,因为他让自然走入前台,提供使人能够察觉人类生活的等级秩序或高贵性的标准。(在前半部分中,"自然"在大部分时候是尼采放在引号里的一个术语)根据这一等级顺序,自我尊重的、威严指挥的哲人行为,"我们不得不说,在最高程度上是符合自然的"。而且,通过终结基督教的畜群道德及其导致的虚无主义所代表的非理性统治,哲人们也是在最高程度上按照理性行事。提出这个论点后,施特劳斯停下来讨论一个显而易见的问题:该如何看待尼采声称所有道德判断都是非理性的?这种非理性似乎源于权力意志学说,并导致他对包括柏拉图在内的试图寻找理性道德的哲人都加以批判。

在回答这个问题时,施特劳斯走得相当远。在第 26 段中,他显示,基于柏拉图对话和尼采《善恶的彼岸》的某些反思或考虑,何以使人认为尼采和柏拉图作为思想者,在否认任何理性道德的可能性上几乎完全一致。事实上,他们之间目前唯一的分歧似乎是,尼采否认存在人的自然本性或人作为人有任何自然目的:"所有的价值都是人的创造。"然而,在文章的余下部分中,施特劳斯又给出理由让我们思考:即便这个最后的分歧没法克服,至少可以理解为表明,尼采在某种程度上需要回归柏拉图有关自然的立场。

尼采所说的"未来哲人"确实可能成为"欧洲无形的精神统治者",但这样做,这些哲人将"成为弥补性的人,在他那里,其他的存在物都得到确证"(第30段)。施特劳斯对这些未来哲人的工作(似乎是创造价值)的描述,在这个费解的句子中达到高潮:"自然,自然的永恒要将其存在归因于一个公设,归因于最高自然的权力意志行为。"(第35段结尾)也就是说,施特劳斯(在句尾)确认,根据尼采,作为价值的创造者的哲人,实际上并没有创造自然的等级顺序或价值。(哲人依据自然就是至高者。)①此外,尼采的"相同事物的永恒复返"现在被解释为,对于人类的有限性、有死性或无意义性,它并非一种有意的、积极的反叛,而是一种"学说"或教诲——它并不代表尼采的真正思想,而是服务于广泛的政治目的。对于进步的现代试图无限制征服自然,并由此消除人类苦难和不平等,这种学说可作为解毒剂(第35段)。换言之,为了维持苦难和不平等的可能性(它们是

---

① 有关这一点,亦参 Leo Strauss, "The Three Waves of Modernity", in *Political Philosophy: Six Essays by Leo Strauss*, ed. Hilail Gildin, Indianapolis: Bobbs-Merrill, 1975, 96([译按]中译本参施特劳斯,《现代性的三次浪潮》(丁耘译),收于《苏格拉底问题与现代性》(增订本),刘小枫编,北京:华夏出版社,2016):"但难道这一切不意味着,真理最终被发现了——关于所有可能的思想和行动原则的真理?尼采似乎面对两难:要么承认这一点,要么把自己对真理的理解说成是自己的筹划或解释。但事实上他选择了第一种可能;他相信自己发现了人的创造性与一切存在者之间的根本统一性:'凡是在我发现生命的地方,我都发现了权力意志。'"亦参《斯宾诺莎的宗教批判》(*Spinoza's Critique of Religion*, New York: Schocken Books, 1965. [译按]中译本参施特劳斯,《斯宾诺莎的宗教批判》,李永晶译,北京:华夏出版社,2016)英译版导言,页30:"各种道德的等级大序和终极无神论所涉及的意志都只能说是内在真实的,理论上真实的:强者或弱者的'权力意志'可以是所有其他学说的基础,但不是权力意志学说的基础:权力意志据说是一个事实。"

自然的人性伟大的前提条件），永恒复返的学说现在被表述为一种
需要。①

　　在面对征服自然时，"自然的事实"，即几乎所有的人依据自然都
是"裂片、碎屑和丑陋的偶然性"这一事实，现在必须是被意欲的，这样
才能防止人性伟大的根基不受非自然的毁灭。未来的哲人必须结束对
自然的征服，以维系自然最高的人类类型即哲人的存在可能性，哲人拥
有最精神化的权力意志。真正的哲人完全不会像神那样对自然规定价
值和秩序，反而致力于实现自然的秩序。或者正如施特劳斯结尾所言，
（哲人）"高贵的"（vornehme）自然本性取代了（哲人）"神性的"自然
本性。

---

① Strauss，"The Three Waves of Modernity"，97："对于尼采来说也一样，几乎所有人
　都有缺陷或不完美这个事实，无法归因于权威性的自然本性，但也不是过去的
　遗留物，不是发展到今天的历史的遗留物。为了避免这一困难，即避免人在自
　己的权力巅峰之时渴求人人平等，尼采需要自然或过去作为权威或至少是无
　可避免的东西。但既然这对于他来说不再是个无法否认的事实，他就必须意
　欲它，或者设定它。这就是尼采永恒复返学说的意义。过去、整体过去之复返
　必须被意欲，超人才有可能存在。"作为对比，也可参看施特劳斯在"The Living
　Issues of German Postwar Philosophy"（1940，［译按］中译本收于《苏格拉底问题
　与现代性》，前揭）的结论中对永恒复返学说的理解（此文作为附录收于 Hein-
　rich Meier，*Leo Strauss and the Theologico-Political Problem*，Cambridge：Cambridge
　University Press，2006，115–140）："尼采正是为了反对'历史'，反对如下观念：
　'历史'可以决定任何问题，进步可永远使得对首要问题的讨论不再必要，历史
　或任何人类事物是哲学的基本主题，他才重申永恒复返学说的假设：正如希腊
　人所认为的，哲学基本的、自然的主题依然是而且将永远是 kosmos［宇宙］，这
　就是归宿。"（页 138–139）

Abstracts

Nietzsche on Scholars and Democracy

Lou Lin

(School of Liberal Arts, Renmin University of China)

Abstract: In Nietzsche's analysis of the crisis of modernity, "scholars" is one of his most important concerns. Unlike Max Weber, Nietzsche believed that if academic research was not concerned with philosophy, it was not related to the highest value. And this is the intrinsic problem of scholars. It is precisely why scholars are not true value-neutrals but advocates of democracy. The reason is that the establishment of the legitimacy of the content and methods of academic research by modern scholars was fundamentally derived from the democratization movement in Western thought since the Enlightenment. That Nietzsche repeatedly emphasized the difference between scholars and philosophers was to the end of ultimately laying the foundation for future philosophy rather than satirizing scholars.

Key words: scholar; democracy; philosophy; politics

The Split and Salvation of Nature:
Early Nietzsche on the Modern State and the Greek Tradition

Liu Zhen

(Department of Philosophy, Yangzhou University)

Abstract: The modern state is among the fundamental issues in young Nietzsche's thought. Nietzsche regards modern civil societies as dominated by the animal nature of human beings, so modern states based on civil societies are mere means of the latter. Nietzsche, therefore, endeavors to reconstruct modern culture by virtue of the romanticistic artist-metaphysics conceived according to the Dionysian worldview of the Greek tragedies. But the tension between nature and culture constitutes Nietzsche's fundamental difficulty in improving humanity. Nietzsche's unpublished writings during this period indicate that Plato stands at the center of Nietzsche's thought. Nietzsche's complex and profound understanding of Plato indicates meanwhile that Nietzsche is more deeply conscious of this difficulty than usually believed. While Nietzsche attempts to produce "new Platos" according to "the essential character of the Platonic dialogue", the subtle differences between "new Platos" and Plato prove to be of great significance.

Key words: Nietzsche; nature; state; Greek; Plato

The Outpost of Revaluation of All Values:
Antichrist as the Strategic Deployment to
Open the Political Imagination of Future

Huang Tzuhsuan
(Department of Philosophy, Chinese Culture University)

Abstract: German Idealism achieved the process of freedom, reflecting the rational dignity of human beings. It expanded into a systematical kingdom of moral idealism from the inner subject's concept of moral freedom. However, Nietzsche cleaned up the residual of "God is Dead" from German Idealism, and found that the moral subject was just constantly climbing rational sight and guiding to negative Nihilism from "unhappy consciousness". Thus, the freedom of the subject had not really been opened. So Nietzsche deployed the *Antichrist* as a trailblazer to actively expand the revaluation of all values, and pioneered the Philosophy of Future from the anti-natural psychological genealogies, opening the dimension of freedom for the planned "Great Politics."

Key words: reason; freedom; subject; God is Dead; *Antichrist*; nature

Nietzsche on Love as Tragic Passion:
Ecce Homo et Salomé

Ye Ran

(Department of Chinese[Zhuhai] , Sun Yat-sen University)

Abstract: Nietzsche's romance with Salomé coincided with his prepara-
tion for *Thus Spoke Zarathustra*. An analysis of his *Ecce Homo*'s implicit expo-
sition of such an intriguing fact conduces to an examination of why he regarded
love as tragic passion. Nietzsche himself was unwilling to engage in "eternal
war" with Salomé, not because he, as he said, was an inferior to some extent,
but because his instinct compelled him to be a Socratic superior though his
philosophy advised him to engage in "eternal war". He regarded his own phi-
losophy as instinctive philosophy, while he perhaps ignored his own instinct.
His philosophical love was a Nietzschean man's "eternal war" with a Socratic
woman, while his instinctive love was a Socratic man's "eternal dialectics"
with a Nietzschean woman .

Key words: Nietzsche; Salomé; love; tragic passion

The ἄνοδος of *Corpus Hermeticum*

Gao Yang

(Institute for Advanced Study in History
of Science, Northwest University)

Abstract: Since the beginning of 20th century, researches on the *Corpus
Hermeticum* has usually adopted a mode of "horizontal reading" which asserts
a conflict of monistic-dualistic view within the texts. However, this approach
cannot really do justice to the doctrines of *Corpus Hermeticum*, neither does it
make the influence of the *Hermetica* more comprehensible. Nevertheless, in
light of studies of Garth Fowden and Wouter Hanegraff, we could try to read
these *logos* by a mode of "vertical reading" which regards them as conforming
to a certain hierarchy. Under the hypothesis, this article attempts to show that
the Greek *Hermetica* may be regarded as having an ordered arrangement which
implies an "ascending teaching" (ἄνοδος) when we read through the whole

text in a linear way. The mystical teaching and vision in the thirteenth treatise may be seen as the culmination of gnosis insofar as it is reached by gradually studying the 12 treatises which explicate the teaching of Poimandres step by step, thus preparing students for the final revelation. This may help us to understand more clearly the possible way in which *Corpus Hermeticum* was edited and read. Moreover, utilizing this mode of reading, the traditional monistic-dualistic conflict may be dissolved, and the whole text would appear to have an intelligible structural characteristic.

Key words: *Corpus Hermeticum*; ἄνοδος; hermetism; gnosis

Who is the virtuous teacher of "*euboulia*"?
An Interpretation of the Myth in Plato's *Protagoras*

Wang Jiangtao
(School of Marxism, East China University of Political Science and Law)

Abstract: Sophists and Philosophers are regarded as the common sources of modern intellectuals. It raises a problem that readers are hard to distinguish their qualities from each other. Plato's dialogue *Protagoras* narrates a discussion about the teachability of virtue between Socrates and Protagoras. Protagoras made a promise to Hippocrates that he could teach the disciple *euboulia*. In order to prove it, Protagoras chose to tell a myth rather than give a demonstration. The myth was based on a distinction between nature, art and convention, which demonstrated that virtue came from conventions, so virtue was teachable. The myth, however, was not successful, because its conclusion must be accomplished by the argument out of the myth. This means Protagoras is a daring sophist rather than a teacher of *euboulia*. If so, who, then, is the truly virtuous teacher?

Key words: Socrates; Protagoras; *Euboulia*; *myth*; *virtue*

Qunitlian's Modifications on Moral Qualifications of Orators in Cicero: On "Vir Bonus"

Yao Yunfan

(Center of Comparative and World Literature, Shanghai Normal University)

Abstract: Quintilian presented "Vir Bonus" as the virtuous qualification of ideal orators. Researchers like Althur E. Walzer traced the origin of the idea of "Vir Bonus" as a presentation of the quarrels between orators and Stoic philosophers in the Early Imperial period. However, Winterbottom regarded the concept of "Vir Bonus" as a continuation of Cicero's comments on the moralities of orators in *De Inventione* and *De Oratore*. Cicero saw rhetoric as a kind of political technic which was affiliated with philosophers' political actions. Philosophy was the base of rhetoric's essential virtue in Cicero's rhetorical teachings. By obeying Cicero's comments on the surface, Quintilian overthrew his essential positions under the table. Using the analogy of rhetoric and medical skills, Quintilian neutralized rhetoric as a technic based on speakers' natural pragmatic gifts and constant exercises. However, his sense of civil morality hindered a radical separation between rhetoric and social norm, which may lead to the superficial relation between rhetoric and the idea of "Vir Bonus" without a philosophical or political philosophical foundation of this discipline.

Key words: Vir bonus; *De Orator*; *De Inventione*; philosopher-orator; political philosophy

An Analysis of Lao Tzu and Chuang Tzu's Thoughts on People: Governance Concern of the Simplicity of Taoism

Zeng Haijun

(School of Public Administration, Sichuan University)

Abstract: Lao Tzu's claim of "always keeping them innocent of knowledge and free from desire" has its roots in Taoism. And the "simplicity" of Taoism in particular can represent the characteristics of the road, which can be verified by the implication of "turning back is how the way moves". "Innocent of knowledge and Free from desire" is the expression of the "simplicity" of Taoism in politics, which "keeps the Min (people) from contention" and advocates that governors should keep "doing that which consists in taking no action, and order will prevail. " Chuang Tzu created the character image of "sucking wind and drinking dew", which also fundamentally continued this kind of governance concern.

Key words: Min; innocent of knowledge and free from desire; Lao Tzu; Chuang Tzu

The Ancient Meaning of "China" and the Spirit of *The Book of Changes*

Wu Xiaofeng

(School of Humanities, Tongji University)

Abstract: This article tries to understand the quality of the Huaxia Nationality through textually researching the word "China". The word "China" is comprised by two Chinese characters, "Zhong" and "Guo". The original meaning of the character "Zhong" is to confirm the time and space where people live and how people arrange their politics and laws. The idea and the spirit of "Zhong" gave birth to the civilization of China. When the "Zhong" opened time and space, it also opened political orders as well as a civilized world. The ancient meaning of China not only includes the meaning of territory and nation, but also the meaning of civilization. Only by understanding the ancient meaning of "China" and the quality of the Huaxia Nationality can we know the reason why the debate on Hua-yi has always been the focus in discussions from thousands of years ago to now. And the debate on Hua-yi became the debate on East-West in the late Qing Dynasties. In this cruel and long-lasting fight, whether the "new China" that represents the Huaxia Civilization will finally win actually depends on whether the "new China" can gain the power from the old Chinese civilization and motivate its vitality to realize the renaissance of Chinese Traditional Culture.

Key words: Zhong; Guo; *The Book of Changes*; civilization

The Crisis of Republic Politics, the Culture Turn of the Project of Modernity, and the Radicalization of Enlightenment

Tang Wenming

(Department of Philosophy, Tsinghua University)

Abstract: Within the belief of enlightenment, the new cultural movement had experienced two radicalizations: the first was the self-confirmation of the enlightenment, aiming at eliminating all old institutions and old cultures; the second was the self-reflection and promotion of the enlightenment, that is, turning from liberal democracy to social democracy. When they contended for the right to interpret the new culture movement, the liberals and the new lefts displayed sharp opposition, but still shared the belief of enlightenment.

Key words: modernity; enlightenment; radicalization; culture; institution

征稿启事暨匿名审稿说明

　　《古典学研究》辑刊由中国比较文学学会古典学研究会主办,专致于研究、解读古典文明传世经典,旨在建立汉语学界的古典学学术园地,促进汉语学界对中西方经典和其他传统经典的再认识。

　　本刊立足于中国文明的现代处境,从跨文化、跨学科的视角出发,力求贯通文学、哲学、史学和古典语文学,从具体文本入手,研究、疏解、诠释西方、希伯来和阿拉伯等古典文明传世经典。

　　本刊全年公开征稿,欢迎学界同仁(含博士研究生)投稿,来稿须为未经发表之独立研究成果(已见于网络者亦不算首次发表)。来稿注意事项如下:

　　一、本刊仅刊发论文和书评两类。论文以八千至一万二千字为宜,书评以三千至五千字为宜(编辑部保留学术性修改和删改文稿之权利)。

　　二、本刊同时接受中文稿件和外文稿件,中文稿件请使用简体字。

　　三、投稿请以电子文件电邮至本刊邮箱,谢绝纸质稿件。

　　四、来稿须注明作者真实中英文姓名、电邮联系方式,作者可决定发表时的署名。

　　五、作者文责自负,一切言论,不代表本刊观点。

　　六、本刊在三个月内对来稿给出评审结果,逾期未获通知者,可自行处理。

　　七、来稿通过编辑部初审后,将匿去作者姓名,根据所涉论题送交二位本刊编委复审;主编将依据匿名评审书处理稿件。

　　八、文稿一经刊登,作者将获赠当期刊物两本,不另致稿酬。

　　九、投稿撰写格式及顺序:

　　1. 中英文题名和作者联系方式(中英文姓名、现职及通讯地址、电话、电邮等）。

2. 中英文摘要（中英文均以三百字为限）、中英文关键词（各以五项为限）。

3. 正文及注释格式，按"《古典学研究》格式"（见"古典学园"网：http://www.gudianxue.com.cn/a/pinglun/yizhuantili/2018/0123/124.html）。

投稿电子邮箱：researchinclassics@foxmail.com

《古典学研究》辑刊

刘小枫　主编

图书在版编目（CIP）数据

古典学研究:尼采论现代学者/刘小枫,林志猛主编. --上海：
华东师范大学出版社, 2019

ISBN 978-7-5675-8748-9

Ⅰ.①古… Ⅱ.①刘…②林… Ⅲ.①古典哲学—研究—世界—丛刊
②尼采（Nietzsche，Friedrich Wilhelm 1844—1900）—哲学思想—研究
Ⅳ.①B12-55 ②B516.47

中国版本图书馆 CIP 数据核字（2019）第 020841 号

华东师范大学出版社六点分社

企划人　倪为国

第三辑

古典学研究:尼采论现代学者

编　　者　刘小枫　林志猛
责任编辑　王　旭
封面设计　卢晓红

出版发行　华东师范大学出版社
社　　址　上海市中山北路 3663 号　邮编　200062
网　　址　www.ecnupress.com.cn
电　　话　021－60821666　行政传真　021－62572105
客服电话　021－62865537　门市（邮购）电话　021－62869887
地　　址　上海市中山北路 3663 号华东师范大学校内先锋路口
网　　店　http://hdsdcbs.tmall.com

印　刷　者　上海盛隆印务有限公司
开　　本　700×1000　1/16
插　　页　1
印　　张　11.75
字　　数　150 千字
版　　次　2019 年 1 月第 1 版
印　　次　2019 年 1 月第 1 次
书　　号　ISBN 978-7-5675-8748-9/B·1165
定　　价　48.00 元

出版人　王　焰

（如发现本版图书有印订质量问题,请寄回本社客服中心调换或电话 021－62865537 联系）